FINANÇAS CORPORATIVAS

Métodos para as melhores decisões financeiras

ROGÉRIO PAULUCCI MAUAD

FINANÇAS CORPORATIVAS

Métodos para as melhores decisões financeiras

ROGÉRIO PAULUCCI MAUAD

Economista, Advogado e Professor das disciplinas de Mercado Financeiro, Finanças Corporativas e Gestão de Risco e Derivativos em cursos de pós-graduação na Faculdade FIPECAFI, Universidade Mackenzie-SP, IBMEC-SP e FIA-Fundação Instituto de Administração, Saint Paul Escola de Negócios e Faculdades Senac. Mestre e Doutor em Finanças Estratégicas pela Universidade Presbiteriana Mackenzie-SP e pela Universidade do Minho, Portugal.

*O investimento feito em conhecimento
sempre gera os melhores dividendos*

Benjamin Franklin

*Aos meus pais, Chaim e Zilda, pela sabedoria do passado,
à minha filha Laura, pela esperança no futuro.
Sou apenas uma "ponte" entre estas duas belas gerações.*

FINANÇAS CORPORATIVAS

Métodos para as melhores decisões financeiras

Sumário

Prefácio 4

1. Introdução às Finanças Corporativas 6

   1.1 Decisões Financeiras 7

      1.1.1 Decisão de investimento 9

      1.1.2 Decisão de financiamento 10

      1.1.3 Decisão de distribuição dos lucros 11

2. Estrutura de capital de uma empresa 13

   2.1 Capital próprio de uma empresa 14

   2.2 Cálculo do custo de capital próprio 15

   2.3 Custo de capital próprio a partir dos dividendos pagos 19

   2.4 Efeitos do endividamento no custo de capital próprio 20

   2.5 Capital de terceiros de uma empresa 23

   2.6 Custo médio ponderado de capital de uma empresa 28

   2.7 Indicadores de liquidez de uma empresa 32

      2.7.1 Índice de liquidez corrente 33

      2.7.2 Índice de liquidez seca 33

      2.7.3 Índice de liquidez imediata 34

      2.7.4 Índice de liquidez geral 34

   2.8 Indicadores de rentabilidade de uma empresa 35

      2.8.1 Retorno sobre os ativos 35

      2.8.2 Retorno sobre o investimento 36

      2.8.3 Retorno sobre o capital próprio 37

2.8.4 Valor econômico adicionado.. 40
2.9 Teorias sobre o endividamento de uma empresa... 42
    2.9.1 Teoria da irrelevância da estrutura de capital 42
    2.9.2 Teoria do *trade-off* (*trade-off theory*) 45
    2.9.3 Teoria da *Pecking Order*... 46
    2.9.4 Teoria do *market timing* (*market timing theory*)... 48
    2.9.5 O endividamento e os fatores característicos da empresa........................ 49
3. Avaliação de investimentos corporativos.. 52
    3.1 Valor Presente Líquido.. 53
    3.2 Taxa Interna de Retorno.. 62
    3.3 Taxa Interna de Retorno Modificada 68
    3.4 TIR incremental 72
    3.5 *Payback*... 74
    3.6 Índice de Lucratividade 78
    3.7 Avaliação de Investimentos por Opções Reais 79
4. Política de Dividendos de uma empresa 86
    4.1 Teoria da irrelevância dos dividendos.. 88
    4.2 Teoria da sinalização e a política de dividendos 89
    4.3 Teoria da relevância dos dividendos para o valor da ação 90
    4.4 Fluxos de caixa disponíveis para os dividendos 99
    4.5 Juros sobre Capital Próprio.. 105
    4.6 Recompras de ações 106
5. Avaliação de Empresas.. 110
    5.1 Desmitificando a avaliação de empresas.. 112
    5.2 Método do Fluxo de Caixa Descontado 114
        5.2.1 Fluxo de Caixa Livre para a Empresa 115
        5.2.2 Fluxo de Caixa Livre para o Acionista 119
    5.3 Método dos Dividendos Descontados 127
        5.3.1 Valor do crescimento futuro nos dividendos 130
        5.3.2 Dividendos Descontados e Fluxo de Caixa Descontado: uma comparação........... 133
    5.4 Método dos Múltiplos de Mercado de Empresas Comparáveis 136
        5.4.1 Índice Preço / Lucro por ação (P/L)... 137
        5.4.2 Índice Preço / Valor patrimonial da ação 142
        5.4.3 Valor da empresa / EBITDA.. 147

5.4.4 Valor da empresa / Valor contábil dos ativos 149

5.5 Métodos dos Múltiplos de Transações Comparáveis 150

5.6 Avaliação de Bancos e demais Instituições Financeiras 151

6. Referências bibliográficas 155

Prefácio

Coube a mim a agradável tarefa de escrever o prefácio do livro do Rogério.

Imagino que o convite tenha vindo pela proximidade que tivemos nos últimos anos desde o Mestrado e depois o Doutorado em Finanças Estratégicas na Universidade Presbiteriana Mackenzie, quando me coube a função de orientador. Cerca de 8 anos debatendo, pesquisando, escrevendo e discutindo finanças, com muitos cafés para acompanhar. Um privilégio.

Sim, um privilégio, pois enquanto tenho que cobrar resultados de alguns orientandos, o Rogério é que sempre vinha com demandas de discussão e sugestões.

Discussões acaloradas sobre Finanças, teoria de Finanças, questões de Finanças, aulas...Enfim, o kit completo, com seu elenco de formações em Direito, Economia e Finanças. Com ele, aprendi muito também. A troca produtiva que se estabelece entre orientador e orientando. E o amadurecimento desde a primeira discussão e versão do que viria a ser a dissertação até a última versão de um artigo nosso, em inglês, oriunda da tese dele em dupla titulação de elevado nível. Uma evolução e tanto.

Daí eu poder sim falar do Rogerio, doutor em Finanças, e de seu livro de Finanças Corporativas.

Ao folhar o livro de Finanças Corporativas – ferramentas para as melhores decisões financeiras, aqui presente, uma estrutura objetiva conectada com as aulas que ele ministrou nas diversas instituições e níveis. Uma boa lógica de estrutura. No capítulo 1, a razão do livro, as Decisões Financeiras. No seu capítulo 2, a Estrutura de Capital e os Indicadores de desempenho. Afinal, como decidi o grau de endividamento em um país como o Brasil, pode significar a diferença entre sucesso e fracasso de negócio. E saber identificar os indicadores permite diagnosticar como vai a empresa. O capítulo 3 trata da Análise de Investimentos e suas técnicas. Afinal, como identificar negócios que geram valor e os que reduzem seu valor? Já o capítulo 4 trata da Política de Distribuição de Dividendos. Empresas lucrativas têm essa possibilidade estratégica e o Rogério elucida os aspectos técnicos dessa decisão. O capítulo 5 aborda o tema de Avaliação da Empresa. Saber como se avalia permite saber se a gestão empresarial gera valor ao negócio. E por fim, as referências usadas.

O Rogério simplifica assim a tarefa do estudante ou interessado em aprender Finanças Corporativas de forma descomplicada. Mostra as grandes decisões financeiras, de investimento e de financiamento e dá ao leitor ferramental para se apropriar do conhecimento. Para o professor, um roteiro definido, um caminho certo.

Parabenizo o Rogério pela sua trajetória de sucesso como professor e autor. Incito o leitor a se aperfeiçoar com o estudo sério da instigante disciplina de Finanças Corporativas. E que venha a ser um gestor de valor e valores.

Obrigado Rogério, por ter permitido que eu fizesse parte de sua caminhada e que fique assim registrado nesse prefácio. Sucesso.

Professor Denis Forte*

*Professor Convidado Senior e Pós doutorado pela Strathclyde Business University, Doutor pela Universidade Presbiteriana Mackenzie, Mestre pela HEC/Paris e FGV/SP, Especialista em Economia de Empresas e Graduado em Administração de Empresas pela FGV de São Paulo. Professor na Pós Graduação Strito Senso do programa de pós graduação da Universidade Presbiteriana Mackenzie.

1. Introdução às Finanças Corporativas

As chamadas Finanças Corporativas ou Finanças de Empresas estudam como são tomadas as decisões financeiras dentro de uma organização empresarial. As decisões financeiras visam a geração de valor para a companhia e para os seus proprietários, os acionistas. A criação de valor em uma empresa depende da qualidade das decisões tomadas no cotidiano por seus administradores.

O estudo das Finanças Corporativas envolve conhecimentos de Contabilidade, Administração e Economia. Para que as decisões financeiras sejam as melhores para a empresa, os gestores devem conhecer as principais variáveis como custo de capital, retorno e risco dos investimentos corporativos e aspectos relevantes do mercado onde atua, além de manter uma correta política de distribuição de lucros entre os acionistas, a qual não comprometa o futuro crescimento da companhia.

A fronteira do conhecimento das Finanças Corporativas experimentou uma notável evolução desde a década de 1950, a partir do desenvolvimento da Moderna Teoria das Finanças, por intermédio de trabalhos como os de Modigliani e Miller (1958, 1961), Henry Markowitz (1959), William Sharpe (1964), John Littner (1965), Fischer Black e Myron Scholes (1973), cujos modelos visam aprimorar a qualidade das decisões empresariais em benefício dos *stakeholders* da companhia, que são todos aqueles que tem interesse em seu crescimento e perenidade, como seus acionistas, credores, empregados, fornecedores, clientes e o governo.

No processo de criação de valor, os gestores de uma empresa enfrentam inúmeros desafios e incertezas, tais como a correta alocação de recursos nos ativos que produzirão os melhores fluxos de caixa e a escolha adequada da fonte de financiamento, a qual reduza o custo médio de capital. O risco, enquanto sinônimo de incerteza acerca dos resultados futuros, está presente em todas as decisões corporativas. Assim, os gestores devem conhecer e mensurar corretamente todos os riscos operacionais e financeiros aos quais a empresa está exposta, no intuito de protegê-la contra eventos imprevistos, os quais podem comprometer a geração de valor e o crescimento da companhia.

Empresas que agregam valor de forma constante são mais bem vistas pelos investidores no mercado, com repercussão positiva no preço de suas ações, ao passo que empresas destruidoras de valor verão os preços de suas ações caírem. Inúmeros são os casos de companhias que crescem, tornam-se grandes em seus mercados, estabilizam-se e depois entram em declínio e desaparecem. Em mercados dinâmicos, a empresa precisa de adaptar aos novos cenários de forma rápida, se não acabará engolida por seus concorrentes. Um exemplo famoso é o da Eastman Kodak Company, ou simplesmente, Kodak. A empresa, que surgiu em fins do século XIX e foi sinônimo de fotografia por quase 120 anos, não soube avaliar a rápida mudança de cenário decorrente do advento da fotografia digital, um produto que ela mesma havia ajudado a criar em meados dos anos 1970, mas no qual decidiu não investir. Assim, não sendo ágil para se adaptar às evoluções tecnológicas e rápidas mudanças nos hábitos dos consumidores que surgiam no horizonte, a Kodak, cujo faturamento dependia muito da venda de seu principal produto, o filme analógico, perdeu eficiência e foi ultrapassada por seus concorrentes, a partir de 2001, vindo a acumular seguidos prejuízos até entrar com pedido de concordata em 2012. As decisões financeiras tomadas pelos gestores a partir da virada do século levaram a empresa, outrora grande geradora de valor, a ser destruidora de riqueza para seus acionistas.

> ***Uma empresa deve criar valor para seus acionistas. A criação de valor depende da qualidade das decisões financeiras tomadas pelos gestores.***

1.1 Decisões Financeiras

Como vimos, as decisões financeiras tomadas pelos administradores da companhia devem se pautar pela geração de valor ao acionista. Administrar uma empresa significa tomar decisões. Segundo o Prof. Assaf Neto (2014), administrar é decidir. Para que a criação de riqueza seja constante, os gestores devem guiar suas decisões corporativas com vistas à maximização do valor da companhia, ou seja, investir em ativos que gerem os melhores fluxos de caixa, financiando-os a um menor custo de capital e distribuindo os lucros resultantes da atividade aos acionistas de forma a não descapitalizar a empresa e comprometer os investimentos futuros. Assim, podemos identificar as três principais decisões financeiras tomadas pelos gestores de uma empresa:

- Decisão de financiamento
- Decisão de investimento
- Decisão de distribuição dos lucros do exercício

Estes três grandes grupos de decisões financeiras estão interligados dentro da companhia. Não existe uma decisão de investimento dissociada de uma decisão de financiamento. Sempre que os gestores decidem investir em novos ativos, os quais irão gerar os futuros fluxos de caixa da empresa, devem escolher também qual será a fonte dos recursos para financiar este investimento. Escolhida a fonte de financiamento e captados os recursos, os gestores investirão nos ativos que irão gerar fluxos de caixa operacionais para aumentar o valor da empresa. Uma fonte de financiamento cujos custos de capital sejam mais baixos fará os futuros investimentos corporativos gerarem mais valor. A partir da interação entre as melhores decisões de investimento e financiamento haverá a maximização do valor da companhia.

Por sua vez, na decisão de distribuir os lucros do exercício aos acionistas, os gestores enfrentam o chamado *trade-off*, isto é, se distribuem um percentual maior de lucros na forma de dividendos, podem descapitalizar a empresa, impossibilitando futuros investimentos. Os acionistas, ao contrário, desejam receber os maiores dividendos possíveis, pois eles compõem parte substancial do retorno de seu investimento nas ações da empresa. Assim, as decisões de distribuição dos lucros do exercício compõem a política de dividendos da empresa, a qual deve sempre se pautar pela sustentabilidade dos investimentos futuros, crescimento contínuo e perenidade da companhia.

Figura 1: Resumo dos processos de decisões financeiras nas empresas

1.1.1 Decisão de investimento

Para promover o crescimento da empresa seus administradores precisam investir em bons ativos operacionais, os quais serão os responsáveis pela futura geração de caixa operacional, a criação de valor para a empresa e, consequentemente, para o acionista. O investimento é uma necessidade constante nas companhias. Uma empresa que não investe não cresce e encontra-se inexoravelmente no caminho do desaparecimento ou de perder mercado e ser superada pelos seus concorrentes.

As decisões de investimento corporativo devem ser pautadas pela escolha correta dos ativos operacionais, os quais devem produzir fluxos de caixa futuros que, descontados a uma taxa que exprima o risco e o custo médio de capital da empresa ou uma taxa de retorno mínimo requerida pelos acionistas, gere valor à companhia. Assim, ativos operacionais, cujos fluxos de caixa futuros não cumpram esta exigência básica, não devem ser objetos de investimento pela empresa.

Os ativos ou investimentos de uma empresa somente criam valor quando seus fluxos de caixa futuros cobrem o custo do capital que os financia. Isto posto, a maximização do investimento envolve a correta escolha da respectiva fonte de financiamento, razão pela qual estas duas decisões são mutuamente dependentes no âmbito corporativo. Caso os investimentos não sejam capazes de produzir fluxos de caixa que cubram os custos de financiamento, destruirão valor na companhia.

Diversas metodologias embasam as decisões de investimento corporativas tais como Valor Presente Líquido, Taxa Interna de Retorno, *Payback*, Índice de Lucratividade e Opções Reais. Nos próximos capítulos iremos estudá-las em detalhes.

1.1.2 Decisão de financiamento

A decisão de financiamento dos investimentos deve-se pautar pela escolha da fonte de recursos menos onerosa para a empresa. Uma companhia pode financiar seus ativos por capital próprio e por capital de terceiros. Cada uma destas fontes de recursos tem seu próprio custo para a companhia.

O capital próprio de uma empresa é o montante investido pelos acionistas ou sócios-quotistas no negócio. As diversas contas que exprimem o capital próprio encontram-se relacionadas no Patrimônio Líquido. Constituem capital próprio, além das ações ou quotas representativas do capital social, os lucros acumulados de outros exercícios que não foram distribuídos na forma de dividendos, as reservas de capital, as ações em tesouraria, os ajustes de avaliação patrimonial, as reservas de lucros e os prejuízos acumulados de outros exercícios.

O capital de terceiros de uma empresa é o montante de recursos que foram captados com credores e investidos em ativos operacionais da companhia, os quais irão gerar os futuros fluxos de caixa. Estes recursos podem ser provenientes de dívidas bancárias, notas promissórias, emissão de debêntures, emissão de *bonds* de longo prazo etc. O capital de terceiros é remunerado pelo pagamento de juros periódicos aos credores. Empresas que utilizam financiamento por capital de terceiros usufruem de benefício tributário, pois as parcelas de juros pagas aos credores promovem a redução da base tributária para fins de cálculo de imposto de renda e contribuição social sobre o lucro líquido.

A soma de capital próprio e capital de terceiros é conhecida como estrutura de capital da empresa. A decisão financeira acerca da correta proporção entre ambos, isto é, a estrutura de capital ideal para a companhia é uma escolha dos administradores, mas deve se pautar pela busca constante na redução no respectivo custo de capital, ou seja, o custo das fontes de financiamento deve ser o menor possível para a empresa.

> ***Capital próprio + Capital de terceiros = Estrutura de capital da empresa***

Normalmente, o capital de terceiros tem um custo inferior ao capital próprio. Isto é mais um efeito da relação risco-retorno esperado dentro da empresa. Em caso de falência ou encerramento das atividades corporativas, os credores detêm preferência de reembolso em relação aos acionistas, isto é, os acionistas, titulares do capital próprio, só receberão o seu quinhão após o pagamento de todos os credores. Portanto, os riscos dos acionistas de uma companhia são sempre maiores, se comparados aos riscos dos credores corporativos. Com riscos maiores, o retorno esperado das ações emitidas pela empresa, as quais representam o capital próprio, será maior que o retorno esperado dos títulos de dívida desta mesma empresa, os quais representam o capital de terceiros.

Os lucros acumulados de outros exercícios, isto é, a parcela dos lucros que a empresa reteve e não distribuiu aos acionistas na forma de dividendos, constituem a primeira fonte de financiamento para a empresa. São recursos internos próprios e fazem parte das contas do patrimônio líquido da companhia. Entre as diversas fontes de financiamento, o uso dos lucros acumulados de outros exercícios normalmente precede as demais.

> ***Lucros acumulados de outros exercícios são a primeira fonte de financiamento para os novos investimentos da empresa***

De acordo com a teoria da *Pecking Order* (Myers e Majluf, 1984), quando esgotadas as fontes internas de recursos da companhia, ou seja, quando utilizadas todas as reservas de lucros originados em exercícios passados, a empresa preferencialmente se financiará emitindo títulos de dívida corporativa e só após a capacidade de endividamento atingir seu limite, emitirá novas ações.

1.1.3 Decisão de distribuição dos lucros

Em um momento futuro, após realizados financiamentos e investimentos em ativos geradores de caixa, a empresa irá contabilizar o resultado do exercício em suas demonstrações financeiras. Caso a empresa apure lucro no exercício, os gestores devem decidir como irão distribuí-lo aos acionistas. Assim, a decisão de distribuição de lucros fecha um ciclo que se inicia com as decisões de investimentos e financiamentos. Empresas financiam os investimentos em ativos com o objetivo de obter lucro futuro. Uma vez verificado o lucro, toma-se a decisão de partilhá-lo entre todos os acionistas, os quais ajudaram com seus recursos a financiar os investimentos corporativos, na forma de pagamentos de dividendos.

Empresas enfrentam um *trade-off* entre distribuir mais dividendos aos seus acionistas ou reter uma parcela maior dos lucros do exercício. Uma empresa que paga um percentual alto na forma de dividendos reterá para si menos lucros, portanto, em sacrifício dos seus fundos internos, os quais poderiam ser utilizados para futuros investimentos. Em sentido oposto, uma companhia que distribui um percentual menor de seu lucro aos acionistas aumentará seus fundos internos, capitalizando-se para realizar seus próximos investimentos. Percebe-se então a importância da decisão de distribuição de lucros na empresa, eis que está intimamente ligada às futuras decisões de financiamento e investimento.

As ações de empresas que pagam uma parcela maior dos lucros na forma de dividendos costumam ter menor volatilidade em seus retornos e, portanto, menores riscos. A distribuição de dividendos pela empresa cria o chamado "efeito clientela" entre os investidores interessados em comprar a ação para serem remunerados por intermédio destes proventos.

Os gestores devem sempre pautar a política de dividendos de uma empresa em virtude das futuras decisões de investimento e financiamento. Empresas que pretendem realizar grandes investimentos futuros devem distribuir uma menor parcela de dividendos no presente para assim, aumentarem seus recursos internos, os quais irão financiar seus próximos investimentos. Por sua vez, companhias que não tem necessidades de grandes investimentos futuros podem adotar uma política de maior distribuição de dividendos entre seus acionistas.

2. Estrutura de capital de uma empresa

A estrutura de capital é a soma das diversas fontes de financiamento utilizadas pela empresa para investir em ativos corporativos, compostas por capital próprio e capital de terceiros. O estudo e a escolha da correta estrutura de capital é importante, pois está relacionado ao custo de capital da empresa. De fato, os gestores devem optar pela proporção entre capital próprio e capital de terceiros que minimize os custos de financiamento, pois assim maximizarão o retorno dos investimentos. Assim, a estrutura de capital ideal é aquela que proporciona o menor custo de capital possível para a empresa.

A estrutura de capital ideal varia entre as empresas e de acordo com o setor econômico onde a companhia atua. Desta forma, bancos e demais instituições financeiras tem estruturas de capital muito diversas de laboratórios farmacêuticos, varejistas e siderúrgicas, por exemplo.

O capital próprio e o capital de terceiros de uma empresa têm custos distintos. Como vimos, dado que o risco corporativo para os acionistas é maior do que para os credores, estes exigirão um retorno maior para investir seus recursos nas ações da empresa, se comparados às taxas de juros que a empresa deverá pagar em suas emissões de dívidas. À medida que o endividamento da empresa aumenta em relação ao seu patrimônio líquido, crescem os riscos para os investidores em capital próprio, os quais exigirão maiores retornos futuros para comprarem as ações da companhia.

Todavia, empresas saudáveis e com baixíssimo ou nenhum grau de endividamento talvez não estejam financiando seus investimentos com o menor custo de capital possível, pois não usufruirão do chamado benefício tributário decorrente do uso de dívida. Desta forma, pode-se concluir que uma parcela de capital de terceiros na estrutura de capital é desejável, de modo a se reduzir os custos de financiamento dos ativos da companhia. Encontrar a proporção correta entre capital próprio e capital de terceiros que minimize os custos de financiamento e maximize a criação de valor dos investimentos ou seja, a estrutura de capital ótima, é o constante desafio dos gestores.

2.1 Capital próprio de uma empresa

O capital próprio é o montante investido pelos proprietários da empresa no negócio. É representado pelo conjunto de contas que se encontram no Patrimônio Líquido declarado no Balanço Patrimonial:

- Capital Social
- Reservas de Capital
- Lucros acumulados de outros exercícios
- Ajustes de avaliação patrimonial
- Ações mantidas em tesouraria

O capital próprio é representado pelas ações, no caso de uma empresa de capital aberto ou pelas quotas, quando se tratar de uma empresa de capital fechado.

Quando os gestores decidem aumentar a proporção de capital próprio emitem novas ações e as vendem aos acionistas já existentes ou a novos acionistas, por intermédio de uma oferta pública no mercado. Quando uma empresa de capital fechado decide abrir o capital e vender suas ações para o público pela primeira vez, realiza uma oferta pública de ações conhecida pela sigla em inglês IPO (*Initial Public Offering*) ou Oferta Pública Inicial. As emissões de ações subsequentes das empresas de capital aberto são conhecidas como *follow-on* ou SEO (*Seasoned Equity Offering*).

O capital próprio representa um custo maior para a empresa, dado que o risco dos acionistas da companhia é superior ao dos credores e demais *stakeholders*. Os acionistas, ao investirem no patrimônio líquido da empresa, adquirindo suas ações, enfrentam dois tipos de risco: risco do negócio, representado pela atividade desenvolvida pela empresa e o risco financeiro, traduzido na impossibilidade da companhia quitar seus compromissos com credores e demais interessados. Isto posto, acionistas de uma empresa sem dívidas possuem apenas o risco do negócio, enquanto acionistas de empresas alavancadas enfrentam os dois tipos de risco corporativo. Em caso de falência ou encerramento das atividades corporativas, os acionistas serão os últimos a receberem de volta seus investimentos e só o farão caso existam ainda ativos a serem partilhados, após satisfeitas todas as obrigações com funcionários, Estado e credores da companhia. Acionistas tem direito apenas aos fluxos de caixa residuais da empresa, isto é, aquilo que sobra após quitadas as obrigações salariais, tributárias e pagas as dívidas com os credores. Portanto, em virtude de correrem maiores riscos em seus investimentos nas ações da empresa, exigem maiores retornos futuros, os quais representam um custo maior para a companhia, nesta modalidade de financiamento.

2.2 Cálculo do custo de capital próprio

Os acionistas e sócios-quotistas das empresas desejam um retorno para os seus investimentos em face dos riscos da atividade empresarial e do custo de oportunidade do capital investido nas ações da empresa. Para Assaf Neto (2014), o custo de capital próprio mostra o retorno exigido pelos proprietários da empresa, em suas decisões de alocação de recursos.

O principal método para a apuração do custo do capital próprio de uma empresa é o modelo *Capital Asset Pricing Model* (CAPM) ou Modelo de Precificação de Ativos de Capital, dado pela fórmula (2.2.1):

$$K_e = R_f + \beta(R_m - R_f) \qquad (2.2.1)$$

Em que,

K_e = custo de capital próprio de uma empresa ou retorno esperado exigido pelo acionista ou quotista, para investir nas ações;

R_f = taxa de juros paga por um título livre de riscos;

R_m = taxa de retorno esperada de uma carteira diversificada de ações representativa do mercado;

β = coeficiente beta, que apura o risco sistêmico das ações da empresa ou do setor da economia onde a companhia atua.

O custo do capital próprio calculado pelo modelo CAPM é utilizado como taxa de retorno requerida pelos proprietários da empresa quando o investimento for financiado exclusivamente por intermédio de capital próprio.

As taxas de juros livre de riscos (R_f) representam o retorno básico exigido em qualquer investimento ou o também chamado custo de oportunidade mínimo do capital investido. No Brasil, utiliza-se como indicador de taxa livre de riscos, a taxa básica de juros Selic, determinada pelo Banco Central do Brasil, ou as taxas pagas pelo certificado de depósito interbancário (CDI), negociadas pelo mercado. No exterior, a principal referência de taxas de juros livre de riscos são as taxas pagas pelos *T-bonds* emitidos pelo Tesouro norte-americano.

Como todos os investimentos corporativos pressupõem a existência de riscos, o retorno exigido pelos acionistas será a taxa de juros livre de riscos acrescida de um prêmio de risco de mercado ($R_m - R_f$). Utiliza-se no cálculo do custo de capital próprio, como *benchmark* para retorno da carteira de mercado, os retornos esperados de índices de bolsas de valores, tais como o Índice Bovespa, o S&P 500, o FTSE100 etc. Os índices de mercado são carteiras teóricas de ações, as quais mensuram o comportamento do mercado acionário em seus respectivos países

O coeficiente beta (β) mede a sensibilidade do ativo em relação à carteira representativa do mercado. O beta (β) representa o risco sistemático ou não-diversificável de cada ativo, isto é, aquela parcela do risco total que está presente em todo o sistema financeiro e não pode ser eliminada por intermédio da diversificação dos investimentos. O beta (β) é calculado pela fórmula (2.2.2):

$$\beta = \frac{covariância(R_a; R_m)}{variância(R_m)} \qquad (2.2.2)$$

E a covariância entre o ativo e a carteira de mercado é dada por:

$$Cov(R_a; R_m) = \frac{\sum(R_a - \bar{R}_a)(R_m - \bar{R}_m)}{n-1} \qquad (2.2.3)$$

Em que,

R_a = retornos passados da ação que se quer analisar;

R_m = retornos passados da carteira representativa de mercado;

$\bar{R}_a$ e $\bar{R}_m$ = média dos retornos passados da ação e da carteira de mercado;

n = número de observações no período analisado.

Observa-se pela fórmula que o cálculo do coeficiente beta (β) envolve o uso da covariância entre os retornos passados da ação e da carteira de mercado para se apurar o risco sistêmico da primeira em face da segunda. A covariância é uma medida estatística que apura o grau de interdependência entre duas variáveis, no caso, os retornos passados da ação da empresa e da carteira de mercado. Os períodos de cálculos mais utilizados para se apurar o coeficiente beta (β) são os retornos mensais dos últimos cinco anos, totalizando 60 observações e os retornos semanais da ação e da carteira de mercado dos últimos dois anos, totalizando cerca de 104 observações.

Podemos classificar os riscos sistêmicos dos ativos em face de seu coeficiente beta (β). Assim temos as seguintes classificações de risco:

- β > 1, o ativo tem um risco maior, se comparado à carteira de mercado;
- β < 1, o ativo tem um risco menor, se comparado à carteira de mercado;
- β = 1, o ativo tem um risco igual ao da carteira de mercado;
- β = 0, o ativo, em tese, não tem risco sistêmico, ou seja, é um título livre de riscos.

Na prática o coeficiente beta (β) é amplamente utilizado pelos investidores de mercado. Por exemplo, se o beta (β) das ações ordinárias da Petrobras (Petr ON) for de 1,3, isto significa que quando o Índice Bovespa subir, em média, 1,0%, naquele mesmo dia a ação Petr ON subirá, em média, 1,3 %. E, se o Índice Bovespa cair 2,0%, naquele mesmo dia, a ação Petr ON cairá, em média, 2,6%. Dado que seu coeficiente beta (β) é maior que 1,00, a ação Petr ON tem um comportamento mais volátil do que a carteira do Índice

Bovespa, ou seja, seus retornos diários (positivos e negativos) tendem a ser mais amplos. Conclui-se que a ação ordinária da Petrobras tem um risco sistêmico maior do que a carteira composta do Índice Bovespa. Esta é uma forma prática e até intuitiva para interpretarmos o coeficiente beta (β) de uma ação em face da respectiva carteira de mercado:

O coeficiente beta (β) é facilmente verificável em companhias de capital aberto, cujas ações são negociadas em bolsas de valores. Empresas de capital fechado, todavia, não possuem beta (β). Para calcularmos seu custo de capital próprio devemos recorrer ao coeficiente beta (β) do setor econômico onde a empresa atua, o qual representa uma média de empresas semelhantes.

Exemplo 2.2.1

Calcule o custo de capital próprio da empresa Alfa S.A., de capital aberto, sabendo que o coeficiente beta (β) de suas ações é 1,25, a taxa de juros livre de riscos é de 6 % ao ano e o retorno esperado da carteira de mercado é de 12 % ao ano:

$$K_e = R_f + \beta(R_m - R_f)$$

$$K_e = 0,06 + 1,25(0,12 - 0,06)$$

$$K_e = 13,5\ \%\ ao\ ano$$

O custo de capital próprio da empresa Alfa é de 13,5 % ao ano. Este é também o retorno mínimo exigido pelos investidores para comprarem as ações da companhia.

Exemplo 2.2.2

Calcule o custo de capital próprio aproximado da empresa Sigma S.A., de capital fechado e do ramo de alimentos, sabendo que o coeficiente beta (β) médio do setor de alimentos e bebidas na B3 é 0,90, a taxa de juros livre de riscos é de 6 % ao ano e o retorno esperado da carteira de mercado é de 12 % ao ano:

$$K_e = R_f + \beta(R_m - R_f)$$

$$K_e = 0,06 + 0,90(0,12 - 0,06)$$

$$K_e = 11,40\% \text{ ao ano}$$

O custo de capital próprio da empresa Sigma foi calculado utilizando-se o beta (β) médio do setor onde a empresa atua, por se tratar de uma empresa de capital fechado, sem ações negociadas em mercado.

2.3 Custo de capital próprio a partir dos dividendos pagos

O custo de capital próprio de uma empresa também é calculado a partir dos dividendos pagos pela empresa em relação ao preço de mercado da ação e das expectativas futuras de crescimento nestes mesmos dividendos, descontados ao custo de capital próprio, uma fórmula conhecida como modelo de Gordon, expressa em (2.3.1):

$$P_0 = \frac{Div_{(t+1)}}{K_e - g} \qquad (2.3.1)$$

$$sendo\ que\ \ Div_{(t+1)} = Div_t \ x\ (1+g)$$

Em que P_0 = preço da ação no mercado; Div_t = último dividendo pago pela empresa; $Div_{(t+1)}$ = próximo dividendo por ação a ser pago pela empresa; K_e = custo de capital próprio e; g = taxa anual de crescimento dos dividendos. Alterando-se os termos chegamos à fórmula (2.3.2):

$$K_e - g = \frac{Div_{(t+1)}}{P_0}$$

$$K_e = \frac{Div_{(t+1)}}{P_0} + g \qquad (2.3.2)$$

Exemplo 2.3.1

A ação da empresa Delta é negociada no mercado ao preço médio de $ 25,00. O último dividendo por ação pago pela empresa foi de $ 1,70 e a taxa de crescimento esperada para os futuros dividendos (*g*) é de 4 % ao ano. Calcule qual o custo aproximado do capital próprio da companhia:

$$K_e = \frac{Div_{(t+1)}}{P_0} + g$$

$$K_e = \frac{\$\,1{,}70 \times 1{,}04}{\$\,25{,}00} + 0{,}04 \quad \rightarrow \quad K_e = 11{,}072\,\%\ ao\ ano$$

Portanto, o custo do capital próprio da empresa Delta, calculado em face dos dividendos pagos aos acionistas, é de 11,072 % ao ano. Considerando, neste exemplo, que a taxa de juros livre de riscos é de 6 % ao ano e o retorno esperado da carteira de mercado é de 12 % ao ano, temos o coeficiente beta (β) aproximado, que mede o risco sistêmico da empresa:

$$K_e = R_f + \beta(R_m - R_f)$$

$$0{,}11072 = 0{,}06 + \beta(0{,}12 - 0{,}06) \quad \rightarrow \quad \beta = \frac{0{,}05072}{0{,}06} \quad \rightarrow \quad \beta = 0{,}845$$

2.4 Efeitos do endividamento no custo de capital próprio

Como vimos, os riscos financeiros para os acionistas crescem à medida que a empresa eleva a sua alavancagem, ou seja, aumenta a sua proporção de capital de terceiros em face do capital próprio. Quanto mais alavancada for a empresa, maior será o seu risco financeiro, pois elevam-se os riscos de não conseguir cumprir suas obrigações para com os credores, os quais poderão, em última instância, pedir a falência. Assaf Neto (2014) destaca que a empresa, ao financiar-se também com o uso de dívidas corporativas, incorpora um risco financeiro adicional aos seus acionistas. Investidores veem no endividamento excessivo da companhia, um fator de acréscimo ao risco financeiro das ações, a gerar um aumento nos retornos exigidos e no custo de capital próprio.

Aumentos e diminuições na alavancagem da empresa e seus efeitos sob o custo de capital próprio são medidos pela mensuração do coeficiente beta (β) e suas duas variações: beta (β) alavancado e beta (β) desalavancado. O beta (β) alavancado é o coeficiente beta (β) de uma empresa que utiliza capital de terceiros em sua estrutura de capital. O beta (β) desalavancado, por sua vez, é o coeficiente beta (β) da empresa que utiliza apenas capital próprio em sua estrutura de capital, ou seja, uma empresa sem passivos onerosos com credores. A relação entre ambos é expressa pela fórmula (2.4.1):

$$\beta\ alavancado = \beta\ desalavancado \times \left[1 + \left(\frac{D}{E}\right) \times (1 - IR)\right] \quad (2.4.1)$$

Em que,

β alavancado = beta (β) da empresa que utiliza capital próprio + capital de terceiros em sua estrutura de capital.

β desalavancado = beta (β) da empresa que utiliza apenas capital próprio em sua estrutura de capital.

D = proporção de capital de terceiros (do inglês, *debt*) na estrutura de capital.

E = proporção de capital próprio (*equity*) na estrutura de capital.

IR = alíquota média do imposto de renda corporativo, a mensurar o benefício tributário do uso de dívida.

Em empresas que não utilizam capital de terceiros, o beta (β) alavancado e o beta (β) desalavancado são iguais. Todavia, à medida que a razão capital de terceiros/capital próprio $\left(\frac{D}{E}\right)$ aumenta, fará subir o beta (β) alavancado, a gerar impacto no crescimento do custo de capital próprio.

Exemplo 2.4.1

Calcule o custo de capital próprio da empresa Sigma S.A., sabendo que o coeficiente beta (β) de suas ações é de 1,10, a taxa de juros livre de riscos é de 6 % ao ano e o retorno esperado da carteira de mercado é de 12 % ao ano. A empresa utiliza uma relação *debt / equity* de 0,60, ou seja, em sua estrutura de capital, a cada $ 100 de capital próprio, há $ 60 de capital de terceiros:

$$K_e = R_f + \beta(R_m - R_f)$$

$$K_e = 0{,}06 + 1{,}10(0{,}12 - 0{,}06)$$

$$K_e = 12{,}60\ \%\ ao\ ano$$

Para o próximo exercício, os gestores da empresa Sigma pretendem aumentar a alavancagem da empresa de 0,60 para 0,70, ou seja, para cada $ 100 de capital próprio serão utilizados $ 70,00 de capital de terceiros. Para calcularmos o impacto da nova alavancagem no aumento do custo de capital próprio devemos seguir alguns passos. O primeiro será calcular o coeficiente beta (β) desalavancado das ações, como se a Sigma utilizasse apenas capital próprio. Consideramos como beta (β) alavancado e proporção *debt /equity*, os números apurados no período anterior, com alavancagem de 0,60 e a alíquota tributária de 34 %:

$$\beta\ alavancado = \beta\ desalavancado\ x\ \left[1 + \left(\frac{D}{E}\right) x\ (1 - IR)\right]$$

$$\beta\ desalavancado = \frac{\beta\ alavancado}{\left[1 + \left(\frac{D}{E}\right) x\ (1 - IR)\right]}$$

$$\beta\ desalavancado = \frac{1{,}10}{[1 + 0{,}60\ x\ (1 - 0{,}34)]}$$

$$\beta\ desalavancado = \frac{1{,}10}{1{,}396} = 0{,}7879$$

Este resultado nos mostra que o coeficiente beta (β) da empresa Sigma S.A. seria de 0,7879 se os gestores utilizassem apenas capital próprio para financiar os ativos da companhia.

O passo seguinte será "realavancar" o beta (β), ou seja, calcular o novo beta (β) alavancado da empresa decorrente da nova proporção entre *debt / equity* de 0,70:

$$\beta\ alavancado = \beta\ desalavancado\ x\ \left[1 + \left(\frac{D}{E}\right) x\ (1 - IR)\right]$$

$$\beta\ alavancado = 0{,}7879\ x\ [1 + 0{,}70\ x\ (1 - 0{,}34)]$$

$$\beta\ alavancado = 0{,}7879\ x\ 1{,}462 = 1{,}1519$$

O resultado apurado mostra que o coeficiente beta (β) da empresa irá subir de 1,10 para 1,1519 em razão do aumento na proporção de capital de terceiros em relação ao capital próprio de 0,60 para 0,70. Com o novo beta (β) alavancado, calculamos o novo custo de capital próprio da Sigma S.A. após o aumento da alavancagem:

$$K_e = R_f + \beta(R_m - R_f)$$

$$K_e = 0{,}06 + 1{,}1519(0{,}12 - 0{,}06)$$

$$K_e = 12{,}91\ \%\ ao\ ano$$

Portanto, um aumento na proporção *debt/equity* de 0,60 para 0,70 importará em um aumento no custo de capital próprio de 12,60 % para 12,91 % ao ano.

Assim, podemos calcular também o custo de capital próprio se esta empresa não utilizasse capital de terceiros entre suas fontes de financiamento, ou seja, fosse uma empresa desalavancada. Para tanto, basta utilizar na equação, o coeficiente beta (β) desalavancado:

$$K_e = R_f + \beta(R_m - R_f)$$

$$K_e = 0{,}06 + 0{,}7879(0{,}12 - 0{,}06)$$

$$K_e = 10{,}727\ \%\ ao\ ano$$

Nota-se uma redução substancial no custo de capital próprio, caso a empresa optasse por não utilizar capital de terceiros em sua estrutura de capital. A ausência de dívidas onerosas na empresa, reduz o risco financeiro dos acionistas, diminuindo assim o custo do capital próprio da empresa.

2.5 Capital de terceiros de uma empresa

O capital de terceiros de uma empresa é o montante financeiro captado junto aos credores e investido em ativos da companhia. A remuneração do capital de terceiros é feita por intermédio do pagamento periódico de juros e do principal.

O capital de terceiros, também conhecido como passivo oneroso pois pressupõem pagamentos de encargos financeiros, encontra-se nas diversas contas do passivo da companhia. Contudo, não deve ser confundido com outras contas deste mesmo passivo, tais como salários, contas a pagar com fornecedores, impostos a pagar e demais contas conhecidas como passivo operacional, estas ligadas ao ciclo operacional da empresa.

São exemplos de capital de terceiros, os empréstimos e financiamentos bancários, notas promissórias comerciais[1], debêntures e os bônus (*bonds*) de dívida corporativa emitidos pelas empresas no país e no exterior.

Cada fonte de capital de terceiros tem seu próprio custo para a companhia. As taxas de juros cobradas pelos credores nas operações de empréstimos de recursos variam em função do prazo da operação e do risco da própria empresa. Companhias muito endividadas, com uma grande quantidade de passivo oneroso em relação ao patrimônio líquido ou ao seu fluxo de caixa operacional, representam maiores riscos aos credores, razão pela qual estes exigirão maiores taxas de juros de retornos ao emprestarem seu capital.

Um dos principais indicadores a medir a capacidade de pagamento das dívidas de uma empresa é a dado pela fórmula (2.5.1):

$$capacidade\ de\ pagamento = \frac{dívida\ líquida}{EBITDA} \qquad (2.5.1)$$

Em que,

Dívida líquida = dívida bruta da empresa subtraindo-se o caixa e equivalentes mantidos pela empresa.

EBITDA = sigla em inglês para lucros antes dos juros, impostos, depreciação e amortização, é uma aproximação para a capacidade de geração de caixa operacional da companhia.

Valores superiores à média do mercado para este indicador denotam maiores dificuldades da empresa em pagar seu passivo oneroso para com os seus credores e,

---

[1] Também conhecidas pelo nome internacional: *commercial papers*

portanto, maiores riscos financeiros. Por exemplo, uma dívida líquida dez vezes superior ao EBITDA revela que dez anos de fluxo de caixa operacional (mensurados pelo EBITDA) estão comprometidos com o pagamento das dívidas da empresa, uma situação insustentável no longo prazo, visto que a empresa não disporá de recursos para seus investimentos futuros.

Outro indicador relevante para mensurar os riscos financeiros da companhia é a relação entre capital de terceiros (*debt*) e capital próprio (*equity*), calculado pela razão entre ambos, dada pela fórmula (2.5.2):

$$debt - to - equity = \frac{capital\ de\ terceiros}{capital\ próprio} \quad (2.5.2)$$

Quanto maior este índice, maior será o risco financeiro da companhia, a gerar aumentos nos custos de capital próprio e do próprio capital de terceiros. Portanto, quando os custos de capital subirem em decorrência do aumento da alavancagem, nota-se que a empresa não está operando em sua estrutura de capital ideal. Recomenda-se aos gestores iniciarem um processo de desalavancagem financeira, procurando, por exemplo, emitir novas ações e recomprando parte de suas dívidas com os credores.

O cálculo do custo total do capital de terceiros (K_d) para a empresa envolve considerar também o benefício tributário decorrente do uso de dívida corporativa, dado pela fórmula (2.5.3):

$$K_d\ após\ o\ IR = K_d\ antes\ do\ IR\ x\ (1 - IR) \quad (2.5.3)$$

Onde IR é a alíquota do imposto de renda[2] utilizada para fins de cálculo da dedução. Pode-se concluir que a economia tributária é um estímulo à alavancagem das empresas, ou seja, ao uso de dívida corporativa em sua estrutura de capital, como forma de se diminuir os tributos que incidem sobre o lucro.

Figura 2: uso de capital de terceiros e economia tributária, empresa não alavancada e empresa alavancada.

---

[2] No Brasil, IR + CSLL

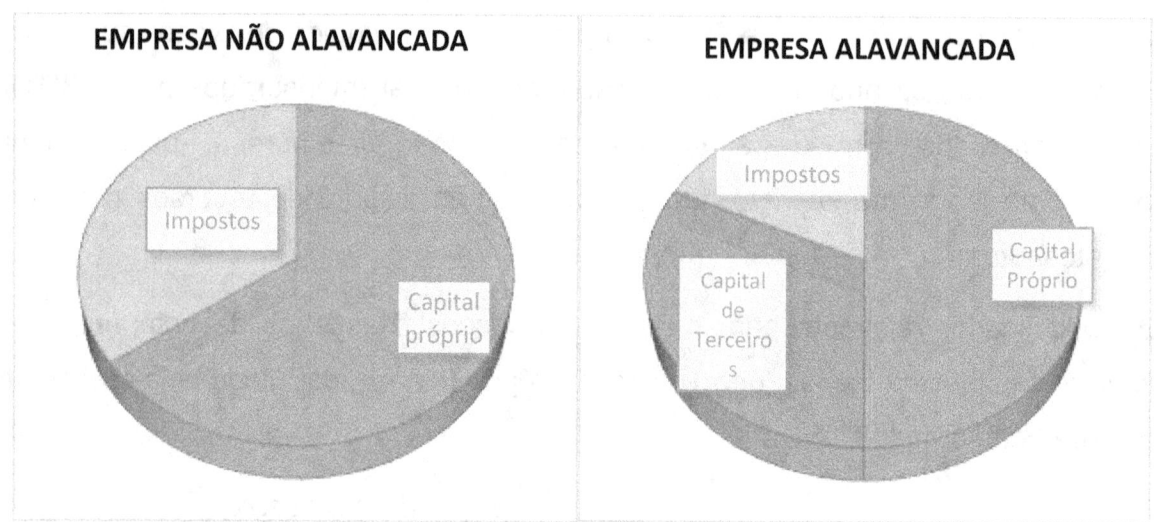

Observa-se que a empresa alavancada, ao utilizar uma proporção de capital de terceiros entre suas fontes de financiamento, consegue uma redução no seu imposto a pagar.

Exemplo 2.5.1

Pelos números extraídos em seu balanço patrimonial, uma empresa possui um passivo oneroso total com diversos credores da ordem de $ 5.000.000, o qual gera uma despesa financeira com juros da ordem de 12 % ao ano. Considerando uma alíquota de imposto de renda e CSLL de 34 % ao ano, seu custo de capital de terceiros após deduzido o benefício tributário será:

$$K_d \text{ após } IR/CSLL = 0{,}12 \: x \: (1 - 0{,}34) = 7{,}92\% \text{ ao ano}$$

Dado que o benefício tributário permite uma economia de recursos à companhia, podemos fazer o mesmo cálculo de outra forma:

$$Despesas \: financeiras \: brutas = \$ \: 5.000.000 \: x \: 12\% = \$ \: 600.000$$

$$Economia \: de \: IR/CSLL = \$ \: 600.000 \: x \: 34\% = \$ \: 204.000$$

$$Despesas \: financeiras \: líquidas \: de \: IR/CSLL = \$ \: 396.000$$

$$K_d \text{ após o } IR/CSLL = \frac{\$ \: 396.000}{\$ \: 5.000.000} = 7{,}92 \: \% \text{ ao ano}$$

Portanto, as despesas financeiras anuais são de 7,92 % do total da dívida, após deduzida a economia com o pagamento de tributos.

A alavancagem da empresa mostra-se excessiva quando se verificarem aumentos nos custos de capital próprio (K_e) e capital de terceiros (K_d) superiores à economia tributária alcançada com o uso de dívida corporativa. Quando este cenário se verifica, a capacidade de endividamento da empresa atingiu seu limite e os gestores deverão aumentar a participação do capital próprio, por intermédio da emissão de novas ações e recomprar parte das dívidas antigas, com o objetivo de melhorar a estrutura de capital da empresa, reduzindo a alavancagem.

As emissões de dívidas das grandes empresas recebem uma nota de crédito (*rating*) dada pelas agências de classificação de risco. Esta nota de crédito reflete a opinião dos avaliadores acerca da qualidade da emissão da empresa e a probabilidade de inadimplência. Entre os principais critérios analisados para a concessão do *rating* estão os quantitativos e qualitativos, tais como a proporção da dívida em relação ao total de ativos da companhia, a composição acerca dos respectivos prazos de vencimentos, as garantias oferecidas e o risco-país. Quanto maior a nota de crédito corporativa, menores os riscos de crédito da empresa e menores as taxas de juros pagas pela emissão. As maiores agências de classificação de riscos são a *Standard & Poor's*, a *Moody's* e a *Fitch Ratings*. Na tabela 1 a seguir temos um quadro com as escalas dos *ratings* atribuídos às três principais agências e suas respectivas definições, partindo da qualidade mais alta de crédito até o grau de inadimplência, onde a companhia encontra-se em situação de *default*.

Tabela 1: classificação dos *ratings* de crédito de longo prazo

Standard&Poor's	Moody's	Fitch Ratings	
AAA	Aaa	AAA	Prime / Mais alta qualidade de crédito
AA+	Aa1	AA+	Grau elevado / Qualidade de crédito muito alta
AA	Aa2	AA	
AA-	Aa3	AA-	
A+	A1	A+	Grau médio elevado / Qualidade de crédito alta
A	A2	A	
A-	A3	A-	
BBB+	Baa1	BBB+	Grau médio baixo / Boa qualidade de crédito
BBB	Baa2	BBB	

BBB-	Baa3	BBB-	
BB+	Ba1	BB+	Grau de não-investimento especulativo
BB	Ba2	BB	
BB-	Ba3	BB-	
B+	B1	B+	Grau altamente especulativo
B	B2	B	
B-	B3	B-	
CCC+	Caa1	CCC	Risco substancial
CCC	Caa2	CC	Grau extremamente especulativo / Risco de crédito muito alto
CCC-	Caa3	C	Moratória com baixa expectativa de recuperação / Risco de crédito próximo à inadimplência
CC	Ca		
C			
D	C	RD	Moratória / Inadimplência seletiva
		D	Moratória / Inadimplência decorrente de recuperação judicial

Fonte: S&P; Moody's e Fitch Ratings

2.6 Custo médio ponderado de capital de uma empresa

Para conhecermos o custo de capital de todas as fontes de financiamento de uma empresa que utiliza *equity* e *debt* em sua estrutura de capital, calculamos o seu custo médio ponderado pela equação WACC (*Weighted Average Cost of Capital*, na sigla em inglês). O WACC considera as duas origens do capital (próprio ou de terceiros) em suas respectivas proporções e custos e inclui os benefícios tributários do uso de dívida corporativa, para calcular o custo médio ponderado do capital total da companhia, como na fórmula (2.6.1):

$$WACC = \frac{E}{E + D} \times K_e + \frac{D}{E + D} \times K_d \times (1 - IR) \qquad (2.6.1)$$

Em que,

E = capital próprio (*equity*) da empresa

D = capital de terceiros (*debt*) da empresa

O custo de capital próprio (K_e) é obtido pela equação CAPM e o custo de capital de terceiros inclui também o benefício tributário [$K_d \times (1 - IR)$].

Exemplo 2.6.1

Pelos números extraídos em suas demonstrações financeiras, a empresa Gama S.A. utiliza em suas fontes de financiamento, 30 % de capital de terceiros e 70 % de capital próprio. Seu passivo oneroso gera uma despesa anual de juros da ordem de 11,30 %. A taxa de juros livre de riscos é de 6 % ao ano e o retorno esperado da carteira de mercado é de 12 % ao ano. O coeficiente beta (β) da companhia é de 1,09 e a alíquota tributária é da ordem de 34 %. Qual será o custo médio ponderado de capital desta empresa?

O primeiro passo será calcular o custo de capital próprio:

$$K_e = R_f + \beta(R_m - R_f)$$

$$K_e = 0,06 + 1,09(0,12 - 0,06) = 12,54\ \% \ ao\ ano$$

O próximo passo será calcular o custo médio ponderado de capital, considerando a proporção *debt* = 30 % e *equity* = 70 %:

$$WACC = \frac{E}{E+D} \times K_e + \frac{D}{E+D} \times K_d \times (1 - IR)$$

$$WACC = 0,70 \times 0,1254 + 0,30 \times 0,113 \times (1 - 0,34)$$

$$WACC = 11,0154\ \% \ ao\ ano$$

A empresa consegue assim uma redução em seu custo médio ponderado de capital graças ao uso de capital de terceiros entre suas fontes de financiamento.

Para o próximo exercício, os gestores desta empresa planejam aumentar a participação do capital de terceiros para 40 %. Com isto as despesas financeiras anuais com o pagamento de juros subirão para 11,73 % do total do passivo oneroso da companhia. Considerando os demais dados constantes, como a mudança na estrutura de capital irá impactar o custo médio ponderado de capital da empresa?

Para mensurarmos o impacto no WACC da empresa após as mudanças na estrutura de capital, devemos primeiro calcular o novo custo de capital próprio após o aumento do endividamento. Assim, apuramos de início o novo coeficiente beta (β) da empresa, a partir do cálculo do beta (β) desalavancado, considerando a estrutura de capital anterior de 30 % de *debt* e 70 % de *equity*:

$$\beta\ desalavancado = \frac{\beta\ alavancado}{\left[1 + \left(\frac{D}{E}\right) x\ (1 - IR)\right]}$$

$$\beta\ desalavancado = \frac{1{,}09}{\left[1 + \left(\frac{0{,}30}{0{,}70}\right) x\ (1 - 0{,}34)\right]}$$

$$\beta\ desalavancado = 0{,}8496$$

Portanto, se a empresa utilizasse apenas capital próprio entre suas fontes de financiamento, seu coeficiente beta (β) seria de 0,8496. A próxima etapa será calcular o novo beta (β) após a mudança na estrutura de capital para 40 % de *debt* e 60 % de *equity*:

$$\beta\ alavancado = \beta\ desalavancado\ x\ \left[1 + \left(\frac{D}{E}\right) x\ (1 - IR)\right]$$

$$\beta\ alavancado = 0{,}8496\ x\ \left[1 + \left(\frac{0{,}40}{0{,}60}\right) x\ (1 - 0{,}34)\right]$$

$$\beta\ alavancado = 1{,}2235$$

O aumento na alavancagem fez subir o coeficiente beta (β) de 1,09 para 1,2235. Podemos então calcular o novo custo de capital próprio:

$$K_e = R_f + \beta(R_m - R_f)$$

$$K_e = 0{,}06 + 1{,}2235(0{,}12 - 0{,}06) = 13{,}3411\ \%\ ao\ ano$$

O aumento no custo de capital próprio (K_e) era esperado visto que um acréscimo na alavancagem amplia os riscos financeiros aos acionistas, os quais passam a exigir maiores retornos para investir nas ações da empresa. Agora, podemos calcular o novo custo médio ponderado de capital da companhia após as mudanças na estrutura de capital:

$$WACC = \frac{E}{E + D} x\ K_e + \frac{D}{E + D} x\ K_d\ x\ (1 - IR)$$

$$WACC = 0,60 \; x \; 0,133411 + 0,40 \; x \; 0,1173 \; x \; (1 - 0,34)$$

$$WACC = 11,1014 \% \; ao \; ano$$

Portanto, o aumento na proporção de capital de terceiros de 30 % para 40 % gerou um aumento no custo de capital da empresa para 11,1014 % ao ano. Assim, o acréscimo da alavancagem afastou a empresa de sua estrutura de capital ideal, visto que o WACC da companhia aumentou.

Convencidos pelo aumento nos custos de capital que esta não é a melhor estrutura de capital para a companhia, os gestores resolvem desalavancar e reduzem a proporção de passivo oneroso para 20 %, por intermédio da emissão de novas ações. Desta forma, as despesas financeiras anuais com o pagamento de juros de sua dívida cairão para 11,06 % do total do passivo oneroso. Considerando os demais dados constantes, como a redução na proporção de capital de terceiros irá impactar o custo médio ponderado de capital da empresa?

Começamos por calcular o novo coeficiente beta (β) alavancado após a mudança na estrutura de capital para 20 % de *debt* e 80 % de *equity*:

$$\beta \; alavancado \; = \; \beta \; desalavancado \; x \; \left[1 \; + \; \left(\frac{D}{E}\right) x \; (1 \; - \; IR)\right]$$

$$\beta \; alavancado \; = \; 0,8496 \; x \; \left[1 \; + \; \left(\frac{0,20}{0,80}\right) x \; (1 \; - \; 0,34)\right]$$

$$\beta \; alavancado \; = \; 0,9899$$

A redução na alavancagem fez o coeficiente beta (β) diminuir para 0,9899. Então, calculamos o novo custo de capital próprio:

$$K_e = R_f + \beta(R_m - R_f)$$

$$K_e = 0,06 + 0,9899(0,12 - 0,06) = 11,9394 \% \; ao \; ano$$

A redução no custo de capital próprio era também esperada, visto que uma menor alavancagem irá provocar um decréscimo nos riscos para os acionistas, os quais exigirão menores retornos esperados para investir nas ações da empresa. A última etapa é o cálculo do novo custo médio ponderado de capital após a redução do capital de terceiros para 20 % e aumento do capital próprio para 80 %:

$$WACC = \frac{E}{E+D} \times K_e + \frac{D}{E+D} \times K_d \times (1-IR)$$

$$WACC = 0,80 \times 0,119394 + 0,20 \times 0,1106 \times (1-0,34)$$

$$WACC = 11,0114\ \%\ ao\ ano$$

Portanto, das três diferentes estruturas de capital experimentadas pelos gestores da companhia, a última (80 % de *equity* e 20 % de *debt*) é a que gera o menor custo de capital para a empresa, devendo ser adotada para se minimizar os custos de financiamento.

Alterações na estrutura de capital da empresa se justificam quando permitem uma redução nos custos de financiamento da companhia, de modo a maximizar o valor dos investimentos corporativos. Os retornos exigidos por acionistas e credores são sensíveis aos aumentos ou diminuições dos riscos financeiros da empresa, os quais impactam nos custos de capital próprio e de terceiros. A grande maioria dos gestores trabalha com uma estrutura de capital alvo (*target*), que minimiza o custo médio de capital da empresa e da qual procuram não se afastar em virtude das mudanças nas condições de mercado. A estrutura de capital ideal é diferente entre as empresas em função de variáveis como tamanho, receitas, setor da economia, lucratividade dos ativos, condições de mercado etc. Todavia, os gestores sempre devem procurar a composição capital próprio + capital de terceiros que reduza os custos de financiamento dos ativos.

2.7 Indicadores de liquidez de uma empresa

Os indicadores de liquidez medem a capacidade de uma empresa em honrar os seus passivos para com os seus credores e fornecedores. Os índices de liquidez dividem-se em liquidez corrente (até um ano) e liquidez geral (para prazos mais longos que um ano).

2.7.1 Índice de liquidez corrente

Mede a relação entre o ativo circulante e o passivo circulante, ou seja, a capacidade da empresa em liquidar suas obrigações de curto prazo, vencíveis em até um ano, para com seus credores e fornecedores. É dado pela fórmula (2.7.1):

$$Liquidez\ corrente = \frac{Ativo\ circulante}{Passivo\ circulante} \quad (2.7.1)$$

Índice de liquidez corrente acima de 1,00 indica que a empresa tem capacidade de cumprir seus compromissos de curto prazo com fornecedores e credores apenas com seus ativos mais líquidos, como caixa e equivalentes e os estoques, não necessitando se desfazer de ativo imobilizado e nem recorrer a empréstimos de capital de giro para honrar as obrigações que irão vencer nos próximos doze meses. Neste sentido, índices menores do que 1,00 indicam possíveis dificuldades de pagamento da companhia no curto prazo, obrigando os gestores a contraírem novos empréstimos ou a se desfazerem de parte do ativo imobilizado para honrar os compromissos mais imediatos da companhia.

2.7.2 Índice de liquidez seca

O índice de liquidez seca mede a razão do ativo circulante menos os estoques pelo passivo circulante. É calculado pela fórmula (2.7.2):

$$Liquidez\ seca = \frac{(Ativo\ circulante - estoques)}{Passivo\ circulante} \quad (2.7.2)$$

Como no índice de liquidez corrente, resultados maiores que 1,00 indicam boa capacidade de pagamento dos compromissos de curto prazo sem a necessidade de vender ativo imobilizado ou contrair empréstimos bancários e menores que 1,00, o oposto. Seu pressuposto baseia-se no fato de que os estoques de uma empresa não possuem liquidez imediata. Quanto maior for a diferença entre os índices de liquidez corrente e de liquidez seca, maior será o peso dos estoques no ativo circulante. Isto poderá levar a empresa a vender suas mercadorias em estoque com um grande desconto para aumentar o caixa e melhorar a liquidez imediata de seu ativo circulante, de modo a honrar seus passivos de curto prazo.

2.7.3 Índice de liquidez imediata

O índice de liquidez imediata mensura a razão do disponível para a empresa (saldos em caixa e equivalentes como aplicações e investimentos com liquidez imediata) em face do seu passivo circulante. É calculado pela fórmula (2.7.3):

$$Liquidez\ imediata = \frac{Caixa\ e\ equivalentes}{Passivo\ circulante} \qquad (2.7.3)$$

Desta forma, o indicador não considera os estoques e as contas a receber vencíveis no prazo de até um ano. Assim, os gestores conseguem mensurar com maior precisão se o montante conservado como caixa e equivalentes é adequado aos próximos compromissos exigidos da companhia.

2.7.4 Índice de liquidez geral

Este índice mensura o total dos ativos, considerando o circulante e o realizável a longo prazo em razão do total dos passivos (circulante e não-circulante). O ativo realizável a longo prazo é aquele que a empresa tem a receber em períodos superiores a um ano, tais como vendas a prazo ou empréstimos concedidos com prazos para pagamento além de doze meses. O passivo não-circulante, por sua vez, será exigido da companhia em prazos também superiores a um ano. É calculado pela fórmula (2.7.4):

$$Liquidez\ geral = \frac{(Ativo\ circulante + realizável\ a\ longo\ prazo)}{(Passivo\ circulante + passivo\ não-circulante)} \qquad (2.7.4)$$

O índice de liquidez geral apura a capacidade de solvência da empresa no longo prazo, isto é, se a companhia possui caixa, disponibilidades e entradas futuras de recursos suficientes para fazer frente aos seus compromissos de curto e de longo prazo. Resultados maiores que 1,00 indicam que o soma dos ativos circulante e realizável a longo prazo atende aos compromissos assumidos pela empresa nos próximos anos. Resultados inferiores a 1,00, contudo, indicam que a empresa poderá, no futuro, ver-se obrigada a vender parte de seu ativo imobilizado para cumprir os pagamentos de seus passivos.

2.8 Indicadores de rentabilidade de uma empresa

Os indicadores de rentabilidade medem o desempenho da empresa em um dado período. São índices que indicam o retorno proporcionado pela empresa em face do conjunto de seus ativos e do capital total investido, considerando o capital dos acionistas e o capital dos credores. Estes indicadores são úteis na análise econômico-financeira da empresa e na análise comparativa entre companhias de diferentes tamanhos e composições de estruturas de capital. Por exemplo, comparar o lucro líquido em valores absolutos de duas empresas pode não fazer sentido quando ambas possuem tamanhos absolutamente distintos. Assim, ao invés de basearmos a análise comparativa apenas no lucro líquido, mensuramos este lucro em relação ao total do patrimônio líquido da companhia e obtemos um indicador de maior confiabilidade na análise comparativa de empresas diferentes.

2.8.1 Retorno sobre os ativos

O indicador do retorno sobre os ativos, ou *return-on-assets* (ROA), mensura a lucratividade operacional da empresa em face de seus ativos totais. É obtido dividindo-se o lucro operacional líquido de impostos pelo total dos ativos da companhia, conforme fórmula (2.8.1):

$$ROA = \frac{Lucro\ operacional\ líquido\ de\ IR}{Total\ de\ ativos} \qquad (2.8.1)$$

Pelo ROA é possível saber a eficiência com que a empresa utiliza seus ativos para gerar seus lucros operacionais. Um ROA de 5 % indica que para cada $ 100,00 de ativos são gerados $ 5,00 de lucros operacionais já líquidos de impostos. Indicadores muito baixos em relação à média do setor pressupõem que a alocação de ativos da companhia não está sendo eficiente em gerar lucros, fornecendo subsídios para os gestores se desfazerem de ativos menos lucrativos e concentrarem os investimentos naqueles que dão os maiores retornos.

A métrica do ROA é decomposta em margem operacional multiplicada pelo giro do total de ativos, como na fórmula (2.8.2):

$$ROA = Margem\ operacional\ x\ Giro\ total\ de\ ativos$$

$$ROA = \frac{Lucro\ operacional\ líquido\ de\ IR}{Total\ das\ vendas\ líquidas} \times \frac{Total\ das\ vendas\ líquidas}{Total\ de\ ativos} \quad (2.8.2)$$

Portanto, para a empresa aumentar o ROA no exercício deve necessariamente melhorar sua margem operacional, reduzindo custos e despesas que incidem no processo produtivo, e aumentar as receitas e o giro dos ativos, privilegiando os itens cujo prazo de estocagem seja menor.

2.8.2 Retorno sobre o investimento

A métrica do retorno sobre o investimento (*return-on-investment* – ROI) apura o retorno conseguido em face do capital investido na empresa, o qual considera o montante de capital próprio somado ao capital de terceiros, isto é, o total investido na empresa pelos acionistas e credores. É calculado pela equação (2.8.3):

$$ROI = \frac{Lucro\ operacional\ líquido\ de\ IR}{Total\ dos\ investimentos} \quad (2.8.3)$$

$$Total\ dos\ investimentos = capital\ próprio + capital\ de\ terceiros$$

Como no ROA, o ROI fornece uma medida de eficiência da alocação dos recursos da companhia. Um ROI de 8 % indica que para cada $ 100,00 investidos na empresa, seja pelos acionistas ou pelos credores, são gerados $ 8,00 de lucro operacional líquidos de impostos. O ROI de uma empresa tem impacto na decisão de investimento. Caso o ROI seja inferior ao custo médio de capital calculado pelo WACC, os investimentos realizados não geram um retorno que cubra o custo de oportunidade e as expectativas de acionistas e credores.

A fórmula do ROI é decomposta em margem operacional multiplicada pelo giro do investimento:

$$ROI = margem\ operacional \times giro\ do\ investimento$$

$$ROI = \frac{Lucro\ operacional\ líquido\ de\ IR}{Total\ das\ vendas\ líquidas} \times \frac{Total\ das\ vendas\ líquidas}{Total\ dos\ investimentos} \quad (2.8.4)$$

Como na métrica do ROA, para a empresa aumentar o ROI no exercício deve também melhorar sua margem operacional, com uma redução nos custos e despesas do processo produtivo, e aumentar as receitas de vendas.

2.8.3 Retorno sobre o capital próprio

O índice de retorno sobre o capital próprio (*return-on-equity* - ROE) é um dos mais utilizados no mercado e mensura o retorno dos recursos aplicados pelos acionistas na empresa. É calculado pela fórmula (2.8.5):

$$ROE = \frac{Lucro\ líquido}{Patrimônio\ líquido} \qquad (2.8.5)$$

A métrica do ROE é utilizada para estimar a taxa de crescimento dos lucros corporativos (g) em face do percentual de lucros retidos e não distribuídos aos acionistas na forma de dividendos. Empresas com ROE inferior ao custo de capital próprio (K_e) não proporcionam um retorno ao acionista que cubra os seus riscos e custos de oportunidade. Empresas com ROE superior ao K_e geram retornos superiores ao custo de capital próprio. Nesta situação, será vantajoso do ponto de vista da maximização da riqueza do acionista, que este não receba dividendos e deixe seus recursos na própria empresa, para que esta reinvista-os no próprio negócio.

A fórmula do ROE é uma função da margem líquida (rentabilidade das vendas) multiplicada pelo giro total dos ativos e pela alavancagem, conforme equação (2.8.6), conhecida como Fórmula DuPont[3]:

$$ROE = Margem\ líquida\ x\ Giro\ total\ de\ ativos\ x\ Alavancagem\ da\ empresa$$

$$ROE = \frac{Lucro\ líquido}{Total\ das\ vendas\ líquidas} x \frac{Total\ das\ vendas\ líquidas}{Total\ de\ ativos} x \frac{Total\ de\ ativos}{Patrimônio\ líquido}$$

$$(2.8.6)$$

---

[3] A Fórmula DuPont, recebeu este nome em homenagem à indústria química norte-americana DuPont Corporation. O criador da análise pelo Método DuPont foi Donaldson Brown, então executivo-chefe da companhia, nos anos 1920.

Em companhia desalavancadas, ou seja, financiadas apenas com o capital próprio dos acionistas, o último termo da fórmula (2.8.6) é igual a 1, o lucro líquido seria igual ao lucro operacional líquido de IR, pois não haveriam despesas financeiras decorrentes de pagamentos de juros aos credores e o ROE e o ROI da empresa seriam iguais. Portanto, eventuais diferenças positivas do ROE em relação ao ROI pressupõem que a empresa gera ganhos para seus acionistas, decorrentes do menor custo financeiro do capital de terceiros em relação ao capital próprio. A rácio entre o ROE e o ROI produz o indicador de grau de alavancagem financeira (GAF), calculado pela fórmula (2.8.7):

$$GAF = \frac{ROE}{ROI} \qquad (2.8.7)$$

Quando o GAF é maior que 1,00, a empresa está se alavancando e obtendo recursos de financiamento via capital de terceiros mais baratos, a aumentar assim o lucro líquido e o retorno do capital próprio dos acionistas. Neste sentido, o GAF menor que 1,00 denota que a companhia está pagando mais caro pelo financiamento com capital de terceiros em relação ao capital próprio, gerando um aumento no seu risco financeiro, devido ao pagamento de maiores taxas de juros. Com o aumento no risco financeiro da empresa, o risco para os acionistas também será maior exigirão maiores retornos esperados para investir nas ações da empresa. A análise deste indicador é muito útil aos gestores na busca pela estrutura de capital ideal, que evite o crescimento no risco financeiro e maximize o valor da companhia.

Exemplo 2.8.1

Calcular os indicadores ROA, ROI, ROE e GAF da Companhia Gama S.A. a partir dos números extraídos de suas últimas demonstrações financeiras:

Balanço Patrimonial – 31.12.2019 ($ mil)			
Ativo		**Passivo**	
Ativo Circulante	28.000	**Passivo Circulante**	23.000
Caixa e equivalentes	8.000	Fornecedores	10.000
Contas a receber de clientes	6.000	Impostos a pagar	5.000

Estoques	14.000	Salários	8.000
Ativo Não-circulante	133.000	**Passivo Não-circulante**	42.000
Imobilizado	158.000	Empréstimos de Longo Prazo	42.000
Depreciação acumulada	(25.000)	**Patrimônio Líquido**	96.000
Total	161.000	**Total**	161.000

Demonstração do Resultado do exercício – 31.12.2019 ($ mil)	
Receita operacional bruta	126.000
(-) Impostos que incidem sobre as vendas de bens e serviços	(22.700)
Receita operacional líquida	103.300
(-) Custo dos produtos vendidos	(39.200)
Resultado operacional bruto	64.100
(-) Despesas operacionais, administrativas e com vendas	(15.200)
EBITDA	48.900
(-) Despesas com depreciação	(5.000)
EBIT	43.900
(-) Provisionamento IR/CSLL (34%)	(14.926)
Lucro operacional líquido IR/CSLL (NOPAT)	28.974
(-) Receita/despesas financeiras	(4.600)
(+) Benefício fiscal dos juros (34%)	1.564
Lucro Líquido do exercício	**25.938**

Os indicadores de desempenho da Companhia Gama S.A. serão:

$$ROA = \frac{\$\,28.974}{\$\,161.000} = 0,18 \; ou \; 18\,\%$$

$$ROI = \frac{\$\,28.974}{(\$\,42.000 + \$\,96.000)} = 0{,}21 \text{ ou } 21\,\%$$

$$ROE = \frac{\$\,25.938}{\$\,96.000} = 0{,}2702 \text{ ou } 27{,}02\,\%$$

$$GAF = \frac{27{,}02\,\%}{21\,\%} = 1{,}2867$$

2.8.4 Valor econômico adicionado

Os conceitos de gestão baseada na criação de valor ao acionista têm por pressuposto a necessidade da empresa, por intermédio da consecução de seu objeto social, maximizar da riqueza dos seus acionistas. Criar valor para o acionista nem sempre é sinônimo de auferir lucro líquido contábil no final do exercício. Uma empresa pode apurar um lucro líquido contábil no final do período e, mesmo assim, destruir valor para o acionista. Destrói-se valor quando o retorno obtido pelo investimento não consegue superar os custos de oportunidade e os riscos do capital investido.

Uma das métricas mais utilizadas para mensurar a criação de valor ao acionista é o Valor Econômico Adicionado (*Economic Value Added* - EVA®) desenvolvido pela consultoria norte-americana *Stern Stewart & Co.*[4]. O EVA mensura o lucro econômico da empresa, a partir do seu lucro operacional, excluídas receitas e despesas com outras origens, como as financeiras. O pressuposto do EVA é que a companhia gerará riqueza ao acionista a partir de sua atividade operacional, ou seja, a realização de seu objeto social. O EVA é calculado conforme as etapas a seguir, considerando receitas operacionais e excluindo receitas financeiras:

Receitas com vendas líquidas
(-) Custos dos produtos vendidos
(-) Despesas operacionais, administrativas e com vendas
(=) EBITDA

---

[4] https://www.sternstewart.com/

(-) Despesas de depreciação e amortização
(=) EBIT
(-) Provisionamento de imposto de renda / CSLL
(=) Lucro operacional líquido de IR/CSLL (NOPAT)
(-) Total de capital investido x custo médio de capital da empresa
(=) EVA

Empresas com EVA positivo geram valor aos seus acionistas, visto que o lucro operacional após o IR/CSLL é superior ao total do capital investido (capital próprio + capital de terceiros) multiplicado pelo custo médio ponderado deste mesmo capital, o qual considera em sua composição o risco da empresa. Neste sentido, empresas com EVA negativo destruíram valor para os acionistas, pois estes poderiam obter em aplicações no mercado, taxas maiores de retorno do que aquelas proporcionadas pela companhia, em níveis equivalentes de risco.

Exemplo 2.8.2

As ações da Companhia Gama S.A., cujas demonstrações financeiras foram utilizadas no exemplo 2.8.1, tem um coeficiente beta (β) de 1,12, a taxa de juros livre de riscos é de 5 % ao ano e o retorno esperado na carteira de mercado é de 12 % ao ano. Calcular o EVA da empresa:

A primeira etapa será apurar o custo de capital próprio e o custo médio de capital da Companhia Gama:

$$K_e = R_f + \beta \left(R_m - R_f\right)$$

$$K_e = 0,05 + 1,12 \left(0,12 - 0,05\right) = 0,1284 \text{ ou } 12,84 \text{ \%}$$

$$K_d = \frac{Despesas\ financeiras}{Total\ capital\ de\ terceiros} = \frac{\$\ 4.600}{\$\ 42.000} = 0,1095 \text{ ou } 10,95 \text{ \% ao ano}$$

$$WACC = \frac{E}{E+D} \times K_e + \frac{D}{E+D} \times K_d \times (1 - IR)$$

$$WACC = \frac{\$\,96.000}{\$\,138.000} \times 0{,}1284 + \frac{\$\,42.000}{\$\,138.000} \times 0{,}1095 \times (1 - 0{,}34) = 11{,}13\,\%$$

O passo seguinte será apurar o EVA da empresa no período:

$$EVA = NOPAT - capital\ investido\ x\ WACC$$

$$EVA\ (\$\,mil) = \$\,28.974 - (\$\,96.000 + \$\,42.000) \times 0{,}1113 = \$\,13.614{,}6$$

Portanto, no último exercício, a Companhia Gama S.A. gerou um EVA ou lucro econômico de $ 13.614.600 e um lucro líquido contábil de $ 25.938.000. O EVA é a medida de criação de valor gerada ao acionista no período.

2.9 Teorias sobre o endividamento de uma empresa

O estudo das Finanças Corporativas baseia-se na alocação eficiente pelos gestores dos recursos da empresa, tanto pelo lado dos investimentos, os quais irão gerar valor futuro para a companhia, como pelas respectivas fontes de financiamento, as quais devem ser as menos custosas possíveis para a empresa. Assim, as Finanças Corporativas dedicam-se a estudar a criação futura de riqueza para a empresa e seus acionistas por intermédio da maximização do retorno dos investimentos corporativos. O retorno dos investimentos, por sua vez, está inversamente correlacionado ao custo do capital que o financia. Um custo médio de capital muito alto irá impactar negativamente os investimentos corporativos, reduzindo seus retornos esperados.

2.9.1 Teoria da irrelevância da estrutura de capital

A chamada Moderna Teoria das Finanças surgiu na década de 1950 por intermédio do trabalho seminal de Franco Modigliani e Merton Miller (1958)[5], os quais abordavam a irrelevância da estrutura de capitais da empresa. Para os autores, em um mercado eficiente, onde todas as informações acerca das companhias estão disponíveis e já se refletem nos

---

[5] MODIGLIANI, Franco; MILLER, Merton. The cost of capital, corporation finance and the theory of investment. *American Economic Review*, v. 48, June 1958.

preços de mercado, e com pressupostos de não-incidência de impostos e custos de transação, a criação de valor em uma empresa é dada pela qualidade dos seus ativos, não importando como estes investimentos são financiados, seja por capital próprio, capital de terceiros ou uma proporção entre ambos. Este arcabouço inicial ficou conhecido como Proposição I de Modigliani e Miller, criando-se a teoria da irrelevância da estrutura de capital. Isto posto, o valor de uma empresa será o mesmo, seja ela alavancada ou não-alavancada, pois a criação de valor encontra-se na qualidade de seus ativos, não importando a forma como a companhia os financia. Para esta teoria, a estrutura de capital de uma empresa é como uma pizza, pois não importa como é cortada, o seu tamanho não vai aumentar ou diminuir. Portanto, não há uma estrutura de capital melhor ou pior para a empresa.

Figura 3 – O valor de uma empresa é o mesmo, seja ela alavancada ou não-alavancada de acordo com a primeira proposição de Modigliani e Miller (1958).

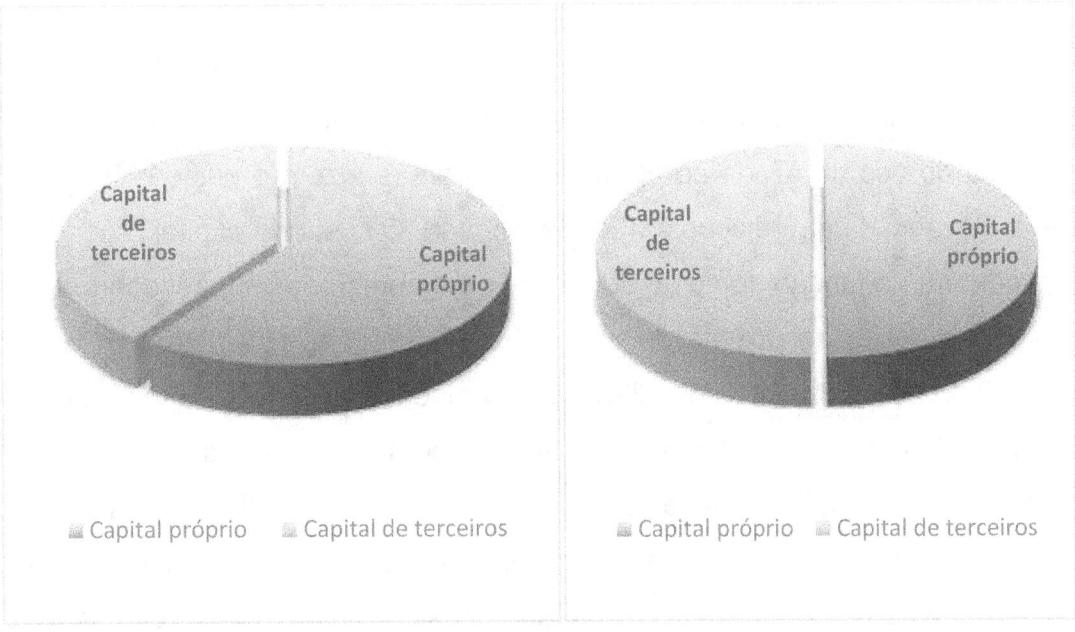

No mesmo artigo, a partir da proposição I, Modigliani e Miller derivam uma segunda proposição, onde reconhecem também os efeitos do endividamento nos retornos exigidos pelos acionistas da empresa, titulares do capital próprio. De acordo com esta proposição II, o custo do capital próprio está positivamente correlacionado à maior participação do capital de terceiros na estrutura de capital. Conforme a alavancagem da empresa sobe, aumenta-se também o prêmio pelo risco financeiro e os retornos exigidos pelos acionistas. Assim, o custo de capital próprio de uma empresa alavancada é igual ao custo de capital próprio de uma não alavancada somado a um prêmio pelo risco financeiro decorrente do uso de dívidas, de acordo com a fórmula (2.9.1):

$$K_e = K_0 + \left[(K_0 - K_d) x \frac{D}{E}\right] \qquad (2.9.1)$$

Em que K_e = custo de capital próprio da empresa alavancada; K_0 = custo de capital próprio da empresa desalavancada e; K_d = custo de capital de terceiros. Quanto maior a proporção de *debt* (D) em relação ao *equity* (E) maior será o K_e.

Pela proposição II, em consequência, o custo médio ponderado de capital da empresa se mantém constante pois, à medida que os gestores substituem capital próprio, em tese com maiores custos, por capital de terceiros, em virtude do aumento nos riscos financeiros para os acionistas, o custo do capital próprio remanescente subirá, a não permitir que o custo médio de capital total da empresa diminua somente com a simples substituição.

Em um trabalho posterior, Modigliani e Miller[6] (1963) reconhecem a incidência de impostos no valor da empresa, em virtude da existência dos benefícios tributários decorrentes do uso de dívida corporativa, os quais reduzem o custo médio de capital da empresa alavancada em relação à não-alavancada. O custo de capital próprio da empresa alavancada é uma função do custo de capital da empresa desalavancada mais um prêmio pelo risco financeiro decorrente do uso de dívidas a considerar também a utilização do benefício tributário. Em tese, no limite, o custo médio de capital de uma empresa atingiria seu menor patamar se a estrutura de capital fosse composta apenas por capital de terceiros, o que maximizaria o valor da empresa por reduzir seus custos de financiamento. Contudo, tal pressuposto não se verifica na prática, pois o aumento excessivo no endividamento corporativo leva a um aumento nos chamados custos de falência da companhia, os quais envolvem aumentos nas taxas de juros dos empréstimos, *downgrade* no *rating* da companhia e faz crescer os riscos financeiros para os acionistas. Esta é a principal limitação prática dos trabalhos de Modigliani e Miller, pois desconsideram no modelo, os crescentes custos de falência decorrentes do aumento da alavancagem.

---

[6] MODIGLIANI, Franco; MILLER, Merton. Corporate income taxes and the cost of capital: a correction. *American Economic Review*, June 1963

2.9.2 Teoria do *trade-off* (*trade-off theory*)

Diversos estudos em Finanças Corporativas, posteriores a Modigliani e Miller, dedicaram-se a estudar o endividamento e a estrutura de capital das empresas. Entre eles, destacamos a clássica teoria do *trade-off*, a qual preconiza que uma empresa pode utilizar uma proporção entre capital próprio e capital de terceiros até que os benefícios tributários advindos do uso de dívida corporativa igualem-se aos custos de falência da empresa. A teoria do *trade-off* baseia-se nos benefícios e custos do uso de dívida corporativa. Quando benefícios e custos se igualam atinge-se o ponto máximo de endividamento da companhia e qualquer endividamento extra irá fazer subir o custo médio ponderado de capital, ao invés de diminuí-lo.

Imaginem uma empresa que possua somente capital próprio em sua estrutura de capital. Para reduzir o custo médio de capital, os gestores começam a emitir títulos de dívida e recomprar ações, ou seja, aumentar a participação do capital de terceiros e reduzir a do capital próprio. No início, por ser uma empresa desalavancada, o uso de pequena proporção de dívida fará o custo médio de capital descer, em virtude dos menores custos do capital de terceiros em relação ao capital próprio e pelo ganho do benefício tributário.

Contudo, caso a alavancagem continue a aumentar, em virtude do acréscimo nos riscos financeiros, tanto o custo do capital de terceiros como o de capital próprio irão subir e gerar um aumento no custo médio de capital da empresa, o qual irá, em algum momento, suplantar o benefício tributário do uso de dívida. Isto posto, os gestores só poderão utilizar de capital de terceiros até determinada proporção na estrutura de capital. Caso ultrapasse esta proporção, também conhecida como estrutura de capital ótima da empresa, o custo médio de capital subirá, em razão dos aumentos nos custos de falência (acréscimos nas taxas de juros cobradas nos empréstimos, rebaixamento de nota de crédito, aumentos nos retornos esperados para os acionistas etc.).

2.9.3 Teoria da *Pecking Order*

A *pecking order theory* (teoria da ordem hierárquica, em uma tradução aproximada), popularizada nos trabalhos de Myers e Majluf[7] (1984) estabelece que entre as diversas fontes de financiamento da empresa, os gestores devem respeitar uma ordem hierárquica de preferência, a qual se inicia pelos fundos internos da companhia e termina com a emissão de capital próprio.

O pressuposto básico da teoria da *pecking order* é a presença da chamada assimetria de informações, entre *insiders* e mercado. Os *insiders* (acionistas controladores, gestores, executivos etc.) detém mais informações privilegiadas sobre a companhia, se comparados aos demais investidores do mercado, os quais só têm acesso às informações que a empresa divulga. Isto posto, como os investidores externos são menos informados acerca dos futuros investimentos da companhia, a escolha da fonte de financiamento para um novo ativo possui um conteúdo informacional para o mercado, em suas expectativas acerca dos retornos futuros das ações da companhia.

Consoante a teoria da *pecking order*, a preferência pelas fontes de financiamento se dá na seguinte sequência:

1. Fundos internos, como lucros acumulados de exercícios passados e, portanto, capital próprio da empresa;
2. Emissão de dívida corporativa, ou seja, capital de terceiros;
3. Emissão de ações, novamente capital próprio.

Os gestores, portanto, devem privilegiar as fontes internas para o financiamento dos novos ativos. A preferência por fundos internos justifica-se, pois nem sempre a empresa vai encontrar condições favoráveis de emissão externa, seja de títulos de dívidas ou de ações. Fundos internos independem das condições de mercado, pois são provenientes de retenções de lucros de exercícios passados, os quais não foram distribuídos aos acionistas da companhia na forma de dividendos. Assim, empresas mais lucrativas e com menor

---

[7] MYERS, Stewart C; MAJLUF, Nicholas. (1984) Corporate financing and investment Decisions when Firms have Information that Investors do not have. *The Journal of Financial Economics*, vol. 13 (1984), pp. 187-221. http://doi.org/10.1016/0304-405X(84)90023-0

percentual de distribuição de dividendos em relação ao total de seu lucro líquido conseguem se capitalizar melhor e financiar seus próximos investimentos com recursos internos. Todavia, se a empresa distribuir um percentual muito alto de seu lucro aos acionistas na forma de dividendos, retendo para si um montante menor de lucros, poderá enfrentar dificuldades futuras em se financiar somente com recursos internos, o que obrigará os gestores a emitirem novas dívidas e levará a um aumento na alavancagem nos próximos exercícios.

Esgotadas as fontes internas de recursos, os ativos devem ser financiados por capital de terceiros, dado o seu menor custo para a companhia. Cada empresa tem seu próprio limite de endividamento e, como na *trade-off theory*, uma vez ultrapassado este limite, o custo de capital de terceiros tende a subir, em virtude do aumento nos riscos financeiros. Somente após atingida a capacidade plena de endividamento, os gestores devem recorrer às emissões de novas ações da companhia para financiar os novos investimentos. Justifica-se a emissão de ações em último lugar na *pecking order theory* porque o novo capital próprio é o que apresenta o maior custo (e, portanto, maiores retornos esperados) para a companhia. Normalmente, quando uma empresa anuncia a emissão de novas ações em uma operação *follow-on* ou SEO, o preço de suas ações negociadas no mercado irá cair pois, em virtude da presença de assimetria de informações, os investidores interpretam a nova emissão de *equity* como um sinal dado pelos gestores da empresa que o preço atual da ação no mercado está caro. Em vista desta sinalização, o preço de mercado das ações da empresa descerá até um novo patamar.

Segundo Brealey, Myers e Allen (2013) a *pecking order* não estabelece uma estrutura de capital definida para as empresas, visto existirem duas fontes de capital próprio, a interna e a externa, uma no topo e a outra em último lugar na hierarquia. Contudo, a teoria corrobora a tese de que empresas mais lucrativas são menos alavancadas. Todavia, a teoria da *pecking order* tem atraído muitos críticos pois prevê, em tese, que as empresas só devem se financiar por intermédio da emissão de ações após esgotadas as suas respectivas capacidades de endividamento. Isto posto, os financiamentos por intermédio de títulos de dívida superariam as emissões de ações. Tal pressuposto não se verifica na prática, pois as empresas frequentemente emitem novas ações, caso as condições de mercado sejam favoráveis, como por exemplo, em um período de alta forte nas bolsas de valores.

2.9.4 Teoria do *market timing* (*market timing theory*)

Nas últimas décadas ganhou relevância entre os estudos de financiamento e estrutura de capital, a teoria do *market timing* a qual preceitua, em síntese, que a escolha das fontes de financiamento deve-se, sobretudo, ao momento e às condições de mercado (Baker e Wurgler, 2002). Com efeito, se o *timing* for propício à emissão de ações, como por exemplo, em épocas de altas fortes nas bolsas de valores, os gestores devem procurar capitalizar a empresa para os próximos investimentos por intermédio de novas emissões de *equity*, visto que o custo de capital próprio estará baixo (menores retornos esperados na ação). Por sua vez, se as taxas de juros de mercado estão muito baixas, torna-se interessante emitir títulos de dívida e aproveitar o momento e as condições favoráveis ao financiamento por intermédio de capital de terceiros.

Baker e Wurgler (2002) desenvolvem os conceitos da *market timing theory* como determinantes para possíveis alterações no grau de alavancagem da empresa. Na presença de assimetria de informações, pressuposto também abordado na teoria da *pecking order*, os gestores da empresa utilizam o indicador *market-to-book*, ou seja, a razão do preço de mercado em face do valor contábil da ação, como fundamento na decisão de emitir novas ações ou recomprar um percentual das que já estão em circulação. Isto posto, o comportamento do gestor em decidir acerca de qual fonte de financiamento recorrer, no intuito de reduzir o custo médio de capital da empresa, está diretamente dependente das condições ofertadas pelos mercados financeiros. A *market timing theory*, segundo Baker e Wurgler (2002), explica, em boa parte, as alterações nos níveis de alavancagem e desalavancagem das empresas. Períodos de alta nos mercados acionários levam um número maior de empresas a abrirem capital e realizarem novas emissões de ações, e assim se desalavancarem, com o aumento da proporção de capital próprio em relação ao capital de terceiros. Em sentido contrário, períodos de baixa nos mercados acionários levam muitas empresas a cancelarem ou adiarem seus IPOs, fecharem capital ou recomprarem parte de suas ações em circulação, aumentando a proporção de capital de terceiros em face do capital próprio. Alguns estudos empíricos como Alti[8] (2006) concluem que empresas, as quais aproveitam períodos de alta nos mercados acionários para realizarem suas aberturas

---

[8] ALTI, Aydogan. IPO Market Timing. *The Review of Financial Studies*, vol. 18, n. 3 (autumm, 2005). Pp. 1105-1138

de capital e se desalavancarem, aumentam significativamente seu endividamento nos dois anos seguintes ao IPO.

2.9.5 O endividamento e os fatores característicos da empresa

Brealey, Myers e Allen (2013) destacam que não há uma teoria capaz de explicar sozinha as decisões de financiamento das empresas, seja por emissão de dívidas corporativas (capital de terceiros), financiamento interno e emissão de ações (ambas, capital próprio). Com efeito, as decisões de financiamento estão sujeitas a uma série de fatores e variáveis que envolvem também as características particulares das empresas, tais como tamanho e lucratividade. Duas empresas de um mesmo setor, mas com tamanhos e lucratividades diferentes, podem ter estruturas de capital completamente distintas, em virtude da importância das características individuais das companhias nas decisões de financiamento. Em um estudo clássico na área de Finanças Corporativas, realizado em companhias do Japão, Reino Unido, Estados Unidos, Canadá, França, Alemanha e Itália, Rajan e Zingales[9] (1995) concluíram que a estrutura de capital está relacionada a quatro fatores próprios da empresa: tamanho, proporção de ativos tangíveis, lucratividade e índice *market-to-book*.

O tamanho de uma empresa, segundo Rajan e Zingales (1995), funciona como um escudo à probabilidade de *default*. De acordo com o estudo, empresas maiores e com maior quantidade de ativos apresentam melhores condições de honrar seus compromissos perante seus credores, se comparadas às empresas menores. Portanto, em virtude de seu maior tamanho, encontram circunstâncias mais favoráveis para emitirem dívidas corporativas e aumentarem seu grau de alavancagem, condição que irá influenciar os gestores na hora de decidir por uma fonte de financiamento.

A tangibilidade dos ativos, medida pela razão dos ativos fixos em face do total de ativos da empresa, possui uma correlação positiva com a alavancagem. Assim, quanto maior a proporção de ativos tangíveis, maior o nível de endividamento. Isto se justifica, segundo Rajan e Zingales (1995), pelo fato que ativos tangíveis constituem garantias mais confiáveis

---

[9] RAJAN, R.G.; ZINGALES, L. What Do We Know about Capital Structure? Some Evidence from International Data. *Journal of Finance* 50 (December 1995), pp. 1421-1460.

a serem oferecidas pela empresa a seus credores, o que vem a reduzir os seus custos de emissão de dívida.

Empresas mais lucrativas, por sua vez, costumam ser menos endividadas. A lucratividade de uma empresa, mensurada por indicadores como o retorno sobre os ativos (ROA, *return-on-assets*), tem correlação negativa com a alavancagem. Quanto maiores forem os lucros em relação ao total de ativos, maiores as fontes de recursos internos da companhia capitalizadas por intermédio de lucros retidos. Portanto, se uma empresa dispõe de recursos internos suficientes para financiar seus investimentos, não precisará recorrer às emissões de dívidas corporativas.

O último dos fatores que influenciam a estrutura de capital da empresa e seu nível de alavancagem é, segundo Rajan e Zingales (1995), o índice *market-to-book,* calculado dividindo-se o valor de mercado da ação pelo seu valor patrimonial ou contábil, expresso nas demonstrações financeiras. Índices *market-to-book* muito altos significam que as ações da empresa são negociadas em mercado por um valor muito superior ao seu valor contábil. Nestas condições favoráveis, de acordo com a teoria do *market timing*, com os investidores de mercado dispostos a pagarem pela ação um preço muito superior ao valor patrimonial, os gestores podem emitir novas ações para capitalizar a empresa e assim reduzir sua alavancagem. Em sentido oposto, baixos índices *market-to-book* podem incentivar a empresa a divulgar um programa de recompra das próprias ações, o qual poderia levar a um aumento na proporção de capital de terceiros em relação ao capital próprio. Na tabela 2 apresentamos um resumo dos fatores determinantes da estrutura de capital da empresa e suas correlações com a alavancagem.

Tabela 2. Fatores determinantes da estrutura de capital da empresa e suas correlações com a alavancagem.

Fator	Como é medido	Correlação com a alavancagem	Justificativa
Tangibilidade dos ativos	Ativos Fixos / Total dos Ativos	Positiva	A grande proporção de ativos tangíveis reduz os custos de agência da dívida. Ativos tangíveis são mais fáceis de serem precificados pelo mercado, portanto, constituem garantias mais confiáveis.
Tamanho da empresa	Logaritmo do total dos ativos	Positiva	O tamanho da empresa pode ser uma *proxy* para a inversa probabilidade de *default*
Market-to-Book	Valor de mercado dos ativos / Valor patrimonial dos ativos	Negativa	Empresas com alto *market-to-book* tem custos de *financial distress* mais altos. Há uma tendência entre as empresas de emitirem novas ações (e reduzirem a alavancagem) quando o preço de mercado de suas ações está alto em relação aos lucros ou ao valor contábil.
Lucratividade	*Return-on-Assets* (ROA)	Negativa	No curto prazo, a política de dividendos e os investimentos são fixos e empresas que geram mais lucros internos tendem a recorrer menos ao uso de dívidas. A correlação negativa da lucratividade com a alavancagem pode ainda ser maior conforme aumenta o tamanho da empresa.

Elaborado pelo autor. Fonte: Rajan e Zingales (1995)

O estudo de Rajan e Zingales (1995) comprova pontos das três teorias mais utilizadas para estudar o endividamento corporativo. Empresas mais lucrativas são menos alavancadas, pois recorrem mais às fontes de financiamento internas, argumento em sintonia à teoria da *pecking order*, ao passo que empresas maiores apresentam menos dificuldades financeiras e tem maior capacidade de endividamento, consoante a teoria do *trade-off*. Por sua vez, empresas cujas ações apresentam elevado índice *market-to-book* aproveitam o momento de mercado para emitir novas ações e reduzirem a proporção de capital de terceiros perante o capital próprio, consoante a teoria do *market timing*.

3. Avaliação de investimentos corporativos

Os gestores de uma empresa sempre se encontram perante várias alternativas de projetos de investimentos. Em razão das típicas restrições de orçamento de capital, devem então escolher aqueles que irão gerar a maior riqueza futura para a companhia. Contudo, nem todos os projetos criam valor para a empresa, alguns revelam-se investimentos malsucedidos e destroem valor, fazendo com que o preço das ações da companhia caia no mercado. Para que a escolha do futuro investimento seja a melhor possível, os gestores precisam estar munidos de métodos que deem amparo às suas decisões.

Uma empresa precisa investir para poder criar valor futuro para seus acionistas. Cria-se valor quando os fluxos de caixa futuros gerados pelo investimento superam o custo do capital que o financia. Uma empresa também precisa investir para repor e modernizar seus ativos. Caso não o faça, perderá mercado para seus principais concorrentes, o que irá gerar queda em seu faturamento e no valor de suas ações.

Investir pressupõe também correr riscos, ou seja, incertezas quanto aos resultados futuros do investimento a ser realizado. Todos os investimentos corporativos têm o seu próprio nível de riscos, o que irá impactar no retorno exigido pelos acionistas da empresa. Na correta decisão de investimentos deve-se ponderar também a correlação positiva entre riscos e retornos esperados, quanto maior for o risco de se investir em determinado ativo, maior também deve ser o seu retorno esperado.

Os investimentos corporativos podem ser classificados em:

1. Investimentos independentes: quando a aceitação de um investimento não implicar na rejeição dos demais. Assim, a decisão de aceitar ou rejeitar um determinado projeto de investimento não irá influenciar na escolha dos demais, em virtude da ausência de correlação entre eles.
2. Investimentos dependentes: quando a aceitação de um depender da implementação do outro, em um cenário onde ambos podem ser investimentos complementares ou substitutos.
3. Investimentos mutuamente excludentes: quando aceitar um determinado projeto de investimento implica necessariamente na não-aceitação (exclusão) do outro.

Diversas metodologias foram desenvolvidas para realizar a análise econômica da viabilidade de um investimento. Uma análise completa da viabilidade de um investimento pressupõe estimativas corretas quanto aos futuros fluxos de caixa, custos de financiamento, riscos e retornos esperados. Neste livro abordaremos os métodos do Valor Presente Líquido, Taxa Interna de Retorno, Taxa Interna de Retorno Modificada, *Payback*, Índice de Lucratividade e Avaliação de investimentos pelo Método das Opções Reais.

3.1 Valor Presente Líquido

Como mencionamos, um investimento cria valor por intermédio dos fluxos de caixa que irá proporcionar. A metodologia do Valor Presente Líquido (VPL ou NPV, na sigla em inglês) é a mais utilizada em análises de projetos de investimentos e leva em consideração todos os fluxos de caixa que o ativo poderá gerar em um determinado período previsível, descontando-os à uma taxa que exprima seu risco ou o custo do capital que o financia, ou seja, trazendo a soma de todos os fluxos de caixa expressos em valores futuros a valores presente. A soma de todos os fluxos de caixa futuros descontados a valor presente deve ser superior ao valor inicial do investimento, para que haja indicação positiva para se investir. A fórmula do VPL é a expressa em (3.1.1):

$$VPL = -FC_0 + \sum_{j=1}^{n} \frac{FC_j}{(1+i)^j} \qquad (3.1.1)$$

Em que,

VPL = valor presente líquido de um investimento que gera fluxos de caixa futuros;

FC_0 = fluxo de caixa no tempo 0, ou seja, valor do investimento inicial ou valor do desembolso de caixa inicial. Vem acompanhado de um sinal negativo pois representa uma saída de caixa;

FC_j = fluxos de caixa no tempo j, onde j varia de 1 a n;

i = taxa de desconto que exprima o risco ou o custo de capital que financia o investimento.

O método do VPL equivale então à soma algébrica de todos os fluxos de caixa futuros produzidos pelo ativo, descontado a uma taxa de juros *i* que reflita o retorno exigido pelos investidores, para compensar os riscos assumidos no investimento. A taxa de juros *i* mais utilizada é o custo médio do capital que financia o investimento, que poderá ser:

K_e , quando o investimento for financiado exclusivamente com capital próprio;

$K_d(1 - IR)$, quando o investimento for financiado exclusivamente com capital de terceiros;

$WACC$, quando for financiado por uma combinação de capital próprio e capital de terceiros.

Exemplo 3.1.1

Os gestores de uma indústria de alimentos pretendem expandi-la por intermédio do aumento de produção. Para tanto, resolvem investir na modernização de seu parque industrial, adquirindo novas máquinas. O investimento inicial na aquisição destes ativos será de $ 8.000.000 e estima-se que os fluxos de caixa produzidos serão de $ 2.000.000 por ano até o final do 5º ano. Encerrado o quinto ano de uso, estas novas máquinas poderão ser vendidas pelo seu valor residual de $ 1.250.000.

A taxa de juros livre de riscos é de 6 % ao ano, o coeficiente beta (β) da empresa é 1,24 e a taxa de retorno esperada na carteira de mercado é de 12 % ao ano. As despesas financeiras anuais com juros são de 11,00 % do total de dívida e a alíquota do imposto de renda é de 34 %. A empresa utiliza como estrutura de capital, 30 % de capital de terceiros e 70 % de capital próprio e o investimento nas novas máquinas será financiado nestas mesmas proporções. Dadas as estimativas futuras e as condições iniciais que se apresentam, este investimento deve ser feito pelos gestores da companhia?

O primeiro passo é calcular o custo de capital próprio da empresa:

$$K_e = R_f + \beta(R_m - R_f)$$

$$K_e = 0{,}06 + 1{,}24\,(0{,}12 - 0{,}06) = 13{,}44\%\ ao\ ano$$

A etapa seguinte será calcular o custo médio ponderado de capital:

$$WACC = \frac{E}{E+D} x\,K_e + \frac{D}{E+D} x\,K_d\,x(1-IR)$$

$$WACC = 0{,}70\,x\,0{,}1344 + 0{,}30\,x\,0{,}11\,x\,0{,}66 = 11{,}586\,\%\ ao\ ano$$

A última etapa será descontar todos os fluxos de caixa pela taxa do WACC da empresa, trazendo-os a valor presente e encontrar o VPL. Nesta etapa, deve-se incluir o valor de venda das máquinas usadas no quinto e último ano do investimento, pois representam um fluxo de caixa positivo para a empresa:

$$VPL = -8.000.000 + \sum_{j=1}^{5} \frac{\$\,2.000.000}{(1{,}11586)^j} + \frac{\$\,1.250.000}{1{,}11586^5}$$

$$VPL = \$\,6.650{,}68$$

O resultado do VPL foi positivo, portanto, este é um investimento que, nestas condições estimadas, irá gerar valor à empresa. Os fluxos de caixa futuros cobrem os custos médios de capital de 11,586 % ao ano e ainda geram um valor extra de $ 6.650,68.

Exemplo 3.1.2

Vamos supor que nesta mesma empresa, os gestores antes de investir na aquisição das novas máquinas, reduzam a alavancagem e passem a utilizar a proporção de 85 % de capital próprio e 15 % de capital de terceiros, a qual será considerada para efeitos de financiamento dos novos investimentos. Considerando as mesmas condições do exemplo anterior, o investimento deve ser realizado?

Agora o primeiro passo será calcular o coeficiente beta (β) desalavancado da empresa:

$$\beta\ desalavancado = \frac{\beta\ alavancado}{\left[1 + \left(\frac{D}{E}\right) x\ (1 - IR)\right]}$$

$$\beta\ desalavancado = \frac{1,24}{\left[1 + \left(\frac{0,3}{0,7}\right) x\ (1 - 0,34)\right]} = 0,9666$$

Na sequência, calculamos o novo beta (β) alavancado, proveniente da nova estrutura de capital:

$$\beta\ alavancado = \beta\ desalavancado\ x\ \left[1 + \left(\frac{D}{E}\right) x\ (1 - IR)\right]$$

$$\beta\ alavancado = 0,9666\ x\ \left[1 + \left(\frac{0,15}{0,85}\right) x\ (1 - 0,34)\right] = 1,079$$

A próxima etapa será calcular o novo custo de capital próprio após a desalavancagem parcial:

$$K_e = R_f + \beta(R_m - R_f)$$

$$K_e = 0,06 + 1,079\ (0,12 - 0,06) = 12,47\ \%\ ao\ ano$$

Na sequência, apuramos o custo médio de capital da empresa, considerando a nova estrutura de capital:

$$WACC = \frac{E}{E + D} x\ K_e + \frac{D}{E + D} x\ K_d\ x\ (1 - IR)$$

$$WACC = 0,85\ x\ 0,1247 + 0,15\ x\ 0,11\ x\ 0,66 = 11,688\ \%\ ao\ ano$$

A última etapa será descontar todos os fluxos de caixa pela nova taxa calculada para o WACC da empresa, trazendo-os a valor presente e encontrar o VPL:

$$VPL = -8.000.000 + \sum_{j=1}^{5} \frac{\$\,2.000.000}{(1,11688)^j} + \frac{\$\,1.250.000}{1,11688^5}$$

$$VPL = -\$\,15.127,45$$

O resultado negativo para o VPL significa que os fluxos de caixa do investimento são insuficientes para cobrir o custo médio do capital que o financia. Portanto, nestas condições, este investimento deve ser evitado, pois irá destruir valor para a companhia.

Estes exemplos mostram como as decisões de investimentos são sensíveis às decisões de financiamento. Um pequeno aumento no custo de capital da empresa, derivado de um aumento na proporção de capital próprio perante o capital de terceiros, alterou uma decisão de investimentos.

A correta utilização da metodologia do Valor Presente Líquido envolve estimar com a máxima precisão e veracidade possíveis, os futuros fluxos de caixa do investimento e a taxa de desconto que reflita o risco ou o retorno esperado pelos investidores, as duas principais variáveis do VPL. Assaf Neto (2014) destaca que a confiabilidade dos resultados de um investimento é dependente da precisão dos gestores em projetar os fluxos de entradas e saídas de caixa.

Fluxos de caixa são todas as entradas e saídas de recursos financeiros da empresa e difere de lucro líquido contábil, o qual é mensurado pelo regime de competência. Os fluxos de caixa corporativos podem ser classificados em:

1. **Fluxos de caixa operacionais**: originados na consecução do *business* da companhia, pelo seu próprio negócio, como vendas de seus produtos e pagamento de fornecedores;
2. **Fluxos de caixa de financiamentos**: originados pelas fontes de recursos, os quais geram um fluxo de entrada quando, por exemplo, a empresa capta recursos por intermédio de emissão de ações ou títulos de dívida ou, um fluxo de saída, quando a empresa paga principal e juros de sua dívida a seus credores e dividendos aos seus acionistas e;

3. **Fluxos de caixa de investimentos**: cuja origem são as saídas de recursos ocasionadas pelos investimentos em ativos da empresa, os quais irão gerar os futuros fluxos de caixa operacionais.

O método do VPL incorpora em uma só equação, os efeitos destes três diferentes fluxos de caixa. O investimento será avaliado pelos futuros fluxos de caixa operacionais que irá proporcionar, descontados a uma taxa que reflita o custo de capital que o financia, cuja origem são os fluxos de caixa provenientes de financiamento de recursos levantados pela empresa, subtraindo-se os fluxos de caixa de investimentos. Portanto, quando os fluxos de caixa operacionais descontados a valor presente superarem os fluxos de caixa do investimento, o resultado do VPL será positivo e haverá a indicação de realizar o investimento. A riqueza futura da empresa será criada pela força das suas atividades operacionais, refletida principalmente nas receitas auferidas com vendas de seus produtos ou serviços.

Os fluxos de caixa operacionais gerados pelo investimento em ativos devem ser apurados após o devido provisionamento dos tributos que incidem sobre o lucro operacional. Antes de se apurar o lucro operacional, deve-se subtrair os valores relativos às depreciações e amortizações dos ativos corporativos, pois ambas exercem um efeito de redutor contábil na base de cálculo dos tributos a pagar. Contudo, por não representarem uma saída financeira para a empresa, não têm efeito caixa. Assim, para a correta apuração dos fluxos de caixa operacionais, depreciação e amortização devem ser somadas novamente ao cálculo do lucro operacional líquido.

Exemplo 3.1.3

Os executivos de uma indústria estão considerando investir em novas máquinas que irão aumentar a capacidade produtiva da empresa e assim, suas receitas. O investimento inicial será de $ 7.000.000. Para o primeiro ano estimam que a receita líquida com vendas provenientes do aumento da produção gerado pelas novas máquinas será de $ 5.000.000 e crescerão a uma taxa aproximada de 5 % ao ano até o 5º ano. O custo dos novos produtos vendidos será equivalente a 40 % da receita líquida e as despesas operacionais, administrativas e com vendas atingem 20 % da receita líquida.

As máquinas têm valor residual de $ 2.000.000, valor também estimado de venda ao final do 5º ano. A depreciação será linear da ordem de 20 % ao ano. A taxa de juros livre de riscos é de 6 % ao ano, o coeficiente beta (β) é de 0,90 e o retorno esperado da carteira de mercado é de 12 % ao ano. A empresa paga taxas de juros anuais de 10,50% aos seus credores, a alíquota tributária é de 34 % e utiliza uma estrutura de capital com 60 % de capital próprio e 40 % de capital de terceiros. O investimento nas novas máquinas será financiado nestas proporções. Nestas condições e estimativas levantadas pelos gestores, o investimento deve ser feito?

O primeiro passo será então encontrar os futuros fluxos de caixa operacionais a serem gerados pelas novas máquinas, a partir da previsão dos executivos da empresa em relação às receitas dos novos produtos. Para tanto, realizamos os cálculos de acordo com as etapas a seguir:

	Anos				
	1	2	3	4	5
Receita com vendas	5.000.000	5.250.000	5.512.500	5.788.125	6.077.531
Custo dos produtos vendidos	(2.000.000)	(2.100.000)	(2.205.000)	(2.315.250)	(2.431.013)
Lucro bruto	3.000.000	3.150.000	3.307.500	3.472.875	3.646.518
Despesas op, adm. e vendas	(1.000.000)	(1.050.000)	(1.102.500)	(1.157.625)	(1.215.506)
Despesas de depreciação	(1.000.000)	(1.000.000)	(1.000.000)	(1.000.000)	(1.000.000)
Lucro operacional	1.000.000	1.100.000	1.205.000	1.315.250	1.431.012
Provisão IR (34 %)	(340.000)	(374.000)	(409.700)	(447.185)	(486.544)
Lucro operacional líquido de IR (NOPAT)	660.000	726.000	795.300	868.065	944.468

Nesta primeira etapa encontramos o lucro operacional líquido de IR (NOPAT) do novo investimento, a partir da receita com vendas que as novas máquinas irão gerar. O próximo passo será reincorporar ao NOPAT, as despesas com depreciação, as quais foram subtraídas na etapa anterior para se apurar o provisionamento de impostos. As despesas com depreciação não representam uma saída de recursos do caixa da companhia, possuem apenas efeito contábil redutor da base de cálculo para os impostos. Portanto, devem ser somadas ao NOPAT para se apurar o fluxo de caixa operacional, o qual irá representar as efetivas entradas e saídas de recursos do período.

	Anos				
	1	2	3	4	5
Lucro operacional líquido de IR (NOPAT)	660.000	726.000	795.300	868.065	944.468
Despesas com depreciação	1.000.000	1.000.000	1.000.000	1.000.000	1.000.000
Fluxo de caixa operacional líquido de IR	1.660.000	1.726.000	1.795.300	1.868.065	1.944.468

Encontradas as estimativas para os futuros fluxos de caixa operacionais a serem produzidos pelo novo investimento, o próximo passo será o cálculo do custo de capital próprio e o custo médio de capital da empresa:

$$K_e = R_f + \beta(R_m - R_f)$$

$$K_e = 0,06 + 0,90(0,12 - 0,06) = 11,40\ \%\ ao\ ano$$

$$WACC = \frac{E}{E+D} x\ K_e + \frac{D}{E+D} x\ K_d\ x\ (1 - IR)$$

$$WACC = 0,60\ x\ 0,114 + 0,40\ x\ 0,105\ x\ (1 - 0,34) = 9,612\ \%\ ao\ ano$$

A última etapa será calcular o VPL do investimento, trazendo todas as estimativas de fluxos de caixa operacionais e o valor residual de venda da máquina a valor presente, descontando-os ao custo médio do capital que o financia e subtraindo o fluxo de caixa inicial do investimento:

$$VPL = -\$\ 7.000.000 + \sum_{j=1}^{5} \frac{Fluxos\ de\ caixa\ operacionais\ liq.IR}{(1,09612)^j} + \frac{\$\ 2.000.000}{1,09612^5}$$

$$VPL = \$\ 1.101.140,91$$

Consideramos no 5º ano, a venda das máquinas pelo seu valor residual ($ 2.000.000). O VPL é positivo em $ 1.101.140,91 e indica que, nestas condições, o investimento nas compras das novas máquinas deve ser realizado, pois irá gerar valor para a companhia e seus acionistas.

Por fim, se quisermos apurar também de forma simples, o lucro líquido contábil a ser produzido pelo novo investimento, basta subtrair as despesas financeiras originadas dos pagamentos de juros da dívida. Considerando que o investimento será financiado por capital de terceiros na proporção de 40 % temos:

$$\$\ 7.000.000 \ x \ 0,40 \ = \ \$\ 2.800.000$$

Pressupondo que não haverá amortizações de principal das dívidas nos próximos cinco anos, sobre este montante serão pagas as taxas de juros anuais (K_d) de 10,50 %. Assim, podemos calcular o lucro líquido após o pagamento das despesas financeiras com credores e considerando os efeitos do benefício tributário decorrente do uso de dívida corporativa:

	Anos				
	1	2	3	4	5
Receita com vendas	5.000.000	5.250.000	5.512.500	5.788.125	6.077.531
Custo dos produtos vendidos	(2.000.000)	(2.100.000)	(2.205.000)	(2.315.250)	(2.431.013)
Lucro bruto	**3.000.000**	**3.150.000**	**3.307.500**	**3.472.875**	**3.646.518**
Despesas op, adm. e vendas	(1.000.000)	(1.050.000)	(1.102.500)	(1.157.625)	(1.215.506)
Despesas de depreciação	(1.000.000)	(1.000.000)	(1.000.000)	(1.000.000)	(1.000.000)
Lucro operacional	**1.000.000**	**1.100.000**	**1.205.000**	**1.315.250**	**1.431.012**
Provisão IR (34 %)	(340.000)	(374.000)	(409.700)	(447.185)	(486.544)
Lucro operacional líquido de IR (NOPAT)	**660.000**	**726.000**	**795.300**	**868.065**	**944.468**
Despesas Financeiras (10,50%)	(294.000)	(294.000)	(294.000)	(294.000)	(294.000)
Economia tributária sobre DF (34%)	99.960	99.960	99.960	99.960	99.960

Lucro Líquido	465.960	531.960	601.260	674.025	750.428

Portanto, nestas condições estimadas, o investimento nas novas máquinas aumentará o lucro líquido contábil da empresa nos próximos cinco anos. Sobre este lucro líquido serão calculados os futuros dividendos a serem distribuídos aos acionistas da companhia.

No exemplo 3.1.3 vemos as diferenças entre fluxos de caixa operacionais, utilizados para mensurar a geração de valor dos investimentos e lucro líquido contábil que é expresso nas demonstrações financeiras da empresa. Para as Finanças Corporativas, a criação de valor pela empresa depende dos fluxos de caixa de suas operações, ou seja, a riqueza criada diretamente pelos ativos ligados ao *core business* da companhia. Enquanto, o lucro líquido contábil está sempre sujeito a fatores nem sempre ligados ao operacional da companhia, além de despesas e receitas financeiras, despesas outras que não representam saídas de recursos do caixa como depreciação e amortização e itens não recorrentes, os quais podem aumentar substancialmente o lucro em um determinado ano e não se repetir nos exercícios seguintes, os fluxos de caixa operacionais refletem a verdadeira capacidade dos ativos operacionais da empresa em gerar valor futuro.

3.2 Taxa Interna de Retorno

A Taxa Interna de Retorno (TIR, ou IRR, *internal return rate*, na sigla em inglês) é a taxa que iguala as entradas e saídas de caixa de um investimento. Neste sentido, a TIR pode ser também definida como a taxa que torna o valor do VPL igual a zero. Pela metodologia, haverá indicação positiva para realizar o investimento se o valor da TIR for superior ao custo do capital que o financia.

O cálculo da TIR é conceitualmente mais simples, se comparado ao cálculo do VPL. Não será preciso estimar uma taxa de desconto a trazer os fluxos de caixa operacionais a valores presentes, a TIR é esta própria taxa, a qual irá igualar o valor presente das entradas e saídas de caixa de um investimento. Para seu cálculo precisamos conhecer apenas os fluxos de caixa operacionais.

Caso o investimento tenha apenas um fluxo de saída inicial (momento zero), a fórmula da TIR pode ser expressa como em (3.2.1):

$$I_0 = \sum_{t=1}^{n} \frac{FC_t}{(1 + TIR)^t} \qquad (3.2.1)$$

Em que,

I_0 = investimento inicial realizado no momento inicial (momento 0);

TIR = taxa interna de retorno do investimento;

FC_t = fluxo de caixa previsto para ocorrer no tempo t, sendo que 1≤ t ≤ n

Nesta fórmula pressupomos que haverá apenas um fluxo inicial de saída de recursos para o investimento, no momento 0. Os fluxos subsequentes serão fluxos de entrada de caixa, gerados pelo investimento em si. A TIR, presente no denominador da fórmula, é exatamente a taxa que iguala I_0 aos futuros fluxos de caixa gerados pelo investimento (FC_t) e trazidos a valor presente quando descontados à própria TIR.

Exemplo 3.2.1

Vamos calcular a TIR do investimento em novas máquinas do exemplo 3.1.3. Conhecemos o seu fluxo de caixa de investimento (I_0 = $ 7.000.000) e seus fluxos de caixa operacionais pelos próximos cinco anos e sabemos que o custo médio do capital que o financia, calculado pelo WACC é 9,612 % ao ano, o que gera um VPL positivo de $ 1.101.140,91. Assim, podemos calcular a TIR:

$$I_0 = \sum_{t=1}^{n} \frac{FC_t}{(1 + TIR)^t}$$

$$7.000.000 = \sum_{t=1}^{5} \frac{Fluxos\ de\ caixa\ operacional\ liq.IR}{(1 + TIR)^t} + \frac{\$\ 2.000.000}{(1 + TIR)^5}$$

$$TIR = 14,7792\ \%\ ao\ ano$$

Como no exemplo 3.1.3, consideramos no 5º ano, a venda das máquinas pelo seu valor residual. A TIR é superior ao custo médio do capital que financia o investimento, o que indica que este investimento deve ser realizado. Neste exemplo, o resultado da TIR vem a confirmar as conclusões já obtidas por intermédio do VPL.

Contudo, alguns investimentos possuem mais de um fluxo de saída de caixa, os quais ocorrem em momentos posteriores ao momento 0, o que leva a fórmula da TIR a ser assim representada, como (3.2.2):

$$I_0 + \sum_{t=1}^{n} \frac{I_t}{(1+TIR)^t} = \sum_{t=1}^{n} \frac{FC_t}{(1+TIR)^t} \qquad (3.2.2)$$

Em que,

I_t = representa todos os fluxos futuros de investimentos (saídas de caixa) que ocorrem após o momento do investimento inicial (I_0), com 1 ≤ t ≤ n.

Exemplo 3.2.2

Os gestores de uma empresa mineradora planejam começar os investimentos de uma nova mina produtora de minério de ferro. O investimento será feito ao longo dos próximos três anos sendo $ 2.000.000 no ano inicial (ano zero), $ 3.000.000 e $ 5.000.000, respectivamente, nos dois anos seguintes. A mina entrará em operação tão logo se encerrem os investimentos e estima-se que em seu primeiro ano de funcionamento gere um fluxo de caixa operacional de $ 2.000.000, o qual crescerá a uma taxa de 5 % ao ano pelos dez anos seguintes, quando sua capacidade se esgotará. Na análise de viabilidade deste investimento, os gestores consideram a taxa de juros livre de riscos de 6 % ao ano, o retorno da carteira de mercado de 12 % ao ano e o coeficiente beta (β) de 1,30. A empresa utiliza como estrutura de capital, 80 % de capital próprio e 20 % de capital de terceiros e o custo de sua dívida corporativa é de 10,90 % ao ano, com alíquota tributária de 34 %. Nestas condições, o investimento deve ser realizado?

O primeiro passo será calcularmos a TIR deste investimento na nova mina, a partir da previsão de fluxos de caixa de investimento inicial no momento zero e pelos próximos dois anos e fluxos de caixa operacionais pelos dez anos subsequentes:

$$2.000.000 + \frac{3.000.000}{(1+TIR)} + \frac{5.000.000}{(1+TIR)^2} = \sum_{t=3}^{12} \frac{FC_t}{(1+TIR)^t}$$

$$TIR = 16{,}5582\ \%\ ao\ ano$$

Para se determinar a aceitação ou não do projeto de investimento pela metodologia da TIR será necessário apurar o custo de capital que irá financiá-lo:

$$K_e = R_f + \beta(R_m - R_f)$$

$$K_e = 0{,}06 + 1{,}30\ (0{,}12 - 0{,}06) = 13{,}80\ \%\ ao\ ano$$

$$WACC = \frac{E}{E+D} x\ K_e + \frac{D}{E+D} x\ K_d\ x\ (1 - IR)$$

$$WACC = 0{,}80\ x\ 0{,}138 + 0{,}20\ x\ 0{,}109\ x\ (1 - 0{,}34) = 12{,}479\ \%\ ao\ ano$$

Temos então que a TIR deste investimento na nova mina, pelo período de dez anos após o início das operações, é superior ao custo de capital que irá financiá-lo, o que levará à aceitação do projeto por parte dos gestores da mineradora. Para confirmar a análise da TIR, vamos calcular também o VPL do futuro empreendimento:

$$VPL = -2.000.000 - \frac{3.000.000}{(1{,}12479)} - \frac{5.000.000}{(1{,}12479)^2} + \sum_{t=3}^{12} \frac{FC_t}{(1{,}12479)^t}$$

$$VPL = \$\ 1.685.085{,}48$$

O resultado positivo para o VPL vem a confirmar a análise feita por intermédio da TIR de aceitação do futuro investimento na mina.

A principal vantagem do método da TIR é a sua simplicidade de cálculo, que oferece de forma direta uma taxa de retorno do investimento, a qual será comparada com o custo de capital do investimento. Contudo, a metodologia apresenta algumas limitações, entre elas a pressuposição que os fluxos de caixa operacionais gerados periodicamente serão reinvestidos no negócio em regime de juros compostos, cuja taxa é a própria TIR, fato que muitas vezes pode não corresponder à realidade de um investimento. A TIR é calculada de forma a expressar a rentabilidade do investimento, de acordo com o período de apuração de seus fluxos de caixa (meses, anos etc.). Para calcularmos a taxa de retorno total do investimento, a qual irá abranger todos os fluxos de caixa gerados e pressupõe o reinvestimento destes mesmos fluxos à própria TIR, fazemos uma composição de taxas de juros traduzida pela seguinte fórmula (3.2.3):

$$Taxa\ de\ retorno\ total\ =\ [(1\ +\ TIR)^T\ -\ 1]\ x\ 100 \qquad (3.2.3)$$

Onde *T* é o período completo que abrange todos os fluxos de caixa operacionais produzidos pelo investimento analisado. A partir da pressuposição de reinvestimento dos fluxos de caixa à própria TIR contida no cálculo, apuramos o valor futuro (VF) do investimento pela fórmula (3.2.4):

$$VF\ =\ \sum_{t=1}^{T} FC_t\ x\ (1\ +\ TIR)^{(T-t)} \qquad (3.2.4)$$

Onde FC_t é o fluxo de caixa previsto para ocorrer no tempo *t* e *T* é o período total do investimento. Assim, o fluxo de caixa previsto para acontecer em t = 1, de um investimento com 5 futuros fluxos de caixa, será reinvestido por 4 vezes seguidas (*T – t* = 5 – 1 = 4) na forma de juros compostos pela própria TIR.

Exemplo 3.2.3

Vamos calcular a rentabilidade total do investimento descrito nos exemplos anteriores 3.1.3 e 3.2.1, levando em consideração que os fluxos de caixa operacionais previstos cobrem o período de cinco anos:

$$Taxa\ de\ retorno\ total\ =\ [(1\ +\ TIR)^5\ -\ 1]\ x\ 100$$

$$Taxa\ de\ retorno\ total\ =\ (1{,}147792^5\ -\ 1\ )\ x\ 100\ =\ 99{,}212\ \%\ para\ 5\ anos$$

Para chegar a esta rentabilidade total no período de cinco anos podemos realizar o reinvestimento dos fluxos de caixa operacionais periódicos à própria TIR e encontramos o valor futuro (VF) do investimento. Consideramos também o valor residual de venda das máquinas ao final do 5º ano, o qual, por ser o fluxo de caixa final resultado de desinvestimento, não será reinvestido.

$$VF = \sum_{t=1}^{5} FC_t \; x \; (1{,}147792)^{(5-t)} + \$\, 2.000.000$$

$$VF = \$\, 13.944.849$$

Por fim, dividimos o VF do investimento pelo investimento inicial (I_0) e temos a taxa de retorno total:

$$Taxa\ de\ retorno\ total\ (\%) = \left(\frac{Valor\ futuro\ do\ investimento}{Valor\ do\ investimento\ inicial} - 1\right) x\ 100$$

$$Taxa\ de\ retorno\ total = \left(\frac{\$\, 13.944.849}{\$\, 7.000.000} - 1\right) x\ 100 = 99{,}212\ \%\ para\ 5\ anos$$

Portanto, o investimento inicial de $ 7.000.000 produzirá fluxos de caixa operacionais pelos próximos cinco anos que, reinvestidos no negócio à taxa de juros compostos da própria TIR, gerarão um valor futuro de $ 13.944.849 e um retorno total apurado para o período de 99,212 %.

Uma outra limitação ao método da TIR ocorre quando o investimento apresenta inversões em seus fluxos de caixa, ou seja, quando as entradas de caixa se alternam com as saídas de caixa ao longo dos anos. Nesta situação, o cálculo pode apresentar diferentes respostas para a TIR.

Exemplo 3.2.4

Os gestores de uma empresa varejista pretendem investir em uma loja temporária em um shopping, a qual deverá funcionar por apenas dois anos. O investimento inicial em instalações será de $ 100.000. Durante o primeiro ano de funcionamento a loja vai gerar um fluxo de caixa positivo de $ 260.000. No segundo e último ano do investimento, o fluxo será negativo em $ 60.000. Qual é a TIR deste investimento?

Após o início há um fluxo de caixa positivo, seguido de outro fluxo de caixa negativo. Portanto, os fluxos de caixa gerados pelo empreendimento são assim representados.

$$100.000 = \frac{260.000}{1 + TIR} - \frac{60.000}{(1 + TIR)^2}$$

Transformamos a expressão em uma equação de 2º grau:

$$\frac{-100.000(1 + TIR)^2 + 260.000(1 + TIR) - 60.000}{(1 + TIR)^2} = 0$$

$$-100.000(1 + 2TIR + TIR^2) + 260.000 + 260.000 TIR - 60.000 = 0$$

$$-100.000 - 200.000\,TIR - 100.000\,TIR^2 + 200.000 + 260.000\,TIR = 0$$

$$-100.000\,TIR^2 + 60.000\,TIR + 100.000 = 0$$

E dividindo-se por 1.000 para facilitar o cálculo temos:

$$-100\,TIR^2 + 60\,TIR + 100 = 0$$

Resolvendo a equação de 2º grau temos duas respostas para a TIR, uma positiva e a outra, negativa:

$$TIR_1 = -0,744 \quad e \quad TIR_2 = 1,344$$

Quando o investimento apresenta muitas inversões em seus fluxos de caixa, o método da TIR pode-se apresentar resultados diversos e até inconclusivos. Nestes casos, recomenda-se utilizar o VPL ou a metodologia da TIR modificada.

3.3 Taxa Interna de Retorno Modificada

Na análise de investimentos, a metodologia da TIR tradicional, conforme vimos, apresenta duas grandes deficiências. Em primeiro lugar, pressupõe que os fluxos de caixa gerados ao longo da vida do investimento serão reinvestidos a uma taxa similar à própria TIR. Esta condição pode não se verificar na realidade, visto que existem investimentos que não comportam reinvestimentos de seus próprios fluxos de caixa. Assim, os fluxos de caixa gerados ao longo do tempo deverão ser reinvestidos em alternativas a uma taxa diversa da própria TIR. A outra limitação do método tradicional são as inversões de fluxos de caixa nos chamados investimentos não-convencionais, os quais são caracterizados por múltiplas entradas e saídas de recursos no caixa da empresa.

A metodologia da TIR modificada (TIRM ou MIRR, na sigla em inglês) veio a atender estas duas principais deficiências presentes na TIR tradicional. A construção do cálculo pressupõe descontar os fluxos de caixa negativos do investimento, trazendo-os a valor presente e capitalizar os fluxos de caixa positivos, levando-os a valor futuro e assim pressupondo o reinvestimento. Trabalha-se assim com apenas dois fluxos de caixa, um negativo no momento zero do investimento e um positivo no momento final do mesmo investimento. A taxa de desconto utilizada para trazer os fluxos de caixa negativos a valor presente é aquela que representa o custo médio de capital da empresa, enquanto que a taxa de juros utilizada como parâmetro para reinvestimento dos fluxos de caixa positivos deve ser adequada à realidade do investimento, isto é, uma taxa aproximada àquela que os gestores conseguiriam na hora de reinvestir os fluxos, à medida em que ocorrem no tempo.

A metodologia da TIRM adota a mesma definição da TIR tradicional, ou seja, a taxa de desconto que iguala as saídas e entradas de caixa de um investimento. É chamada de modificada, pois estima-se uma taxa de reinvestimento para os fluxos de caixa positivos mais adaptada à realidade do empreendimento.

Exemplo 3.3.1

Os gestores de uma empresa siderúrgica planejam aumentar a capacidade produtiva da companhia investindo em novos altos fornos. O investimento inicial será de $ 8.000.000. No ano 1, o investimento vai gerar fluxos de caixa positivos de $ 3.000.000, os quais crescerão a uma taxa de 5 % ao ano até o ano 4. No ano 5 e 6 estão previstas paradas de manutenção e redução da capacidade, as quais irão gerar fluxos negativos de caixa de $ 2.000.000 / ano nestes dois anos. A partir do ano 7, com a retomada da produção, estão previstos fluxos de caixa positivos de $ 4.000.000 / ano, os quais crescerão a uma taxa de 3 % ao ano, até o ano 10, quando se encerra o investimento. A taxa de juros livre de riscos é de 6 % ao ano, o retorno esperado da carteira de mercado é de 12 % ao ano e o coeficiente beta (β) da empresa é de 1,20. A empresa utiliza 70 % de capital próprio e 30 % de capital de terceiros, o custo financeiro anual de sua dívida é de 10,50 % e a alíquota tributária é de

34 %. Calcule a TIRM, pressupondo que os gestores consigam reinvestir os fluxos de caixa positivos deste investimento a uma taxa de 10 % ao ano.

Neste cálculo, começamos pelo custo médio de capital da empresa o qual servirá para trazermos os fluxos de caixa negativos dos anos 5 e 6 a valor presente.

$$K_e = R_f + \beta(R_m - R_f)$$

$$K_e = 0{,}06 + 1{,}20\,(0{,}12 - 0{,}06) = 13{,}20\,\%\ ao\ ano$$

$$WACC = \frac{E}{E+D} x\, K_e + \frac{D}{E+D} x\, K_d\, x(1 - IR)$$

$$WACC = 0{,}70\ x\ 0{,}132 + 0{,}30\ x\ 0{,}105\ x\ (1 - 0{,}34) = 11{,}319\%\ ao\ ano$$

Agora podemos trazer todos os fluxos de caixa negativos, que ocorrem nos anos zero, cinco e seis, a valor presente, descontando-os ao custo médio de capital da empresa:

$$VP\ dos\ fluxos\ negativos = -\,\$\,8.000.000 - \frac{\$\,2.000.000}{(1{,}11319)^5} - \frac{\$\,2.000.000}{(1{,}11319)^6}$$

$$VP = -\$\,8.000.000 - \$\,1.169.994 - \$\,1.051.028 = -\$\,10.221.022$$

A próxima etapa será reinvestir os fluxos de caixa positivos a uma taxa de 10 % ao ano, estimada pelos gestores da empresa, até o ano 10, o ano final do investimento. Assim, os fluxos de caixa positivos iniciais serão reinvestidos a juros compostos por um número maior de períodos. O fluxo 1, por exemplo, será reinvestido nos 9 períodos seguintes à taxa de 10 % ao ano. Desta forma, teremos o valor futuro (VF) de todos os fluxos de caixa do empreendimento:

$$VF = \sum_{t=1}^{10} FC\ positivos_t\ x\ (1{,}10)^{(10-t)}$$

$$VF = \$\,45.772.007$$

Portanto, temos agora dois fluxos de caixa apenas, os quais podem ser interpretados matematicamente como um investimento inicial de $ 10.221.022 que depois de dez anos irá gerar um valor futuro de $ 45.772.007. A última etapa será então calcular o valor da TIRM:

$$10.221.022 = \frac{45.772.007}{(1+TIRM)^{10}}$$

$$(1+TIRM)^{10} = 4,47822$$

$$(1+TIRM) = 1,161744 \qquad TIRM = 16,1744\ \%\ ao\ ano$$

A TIRM, cuja pressuposição foram os reinvestimentos dos fluxos de caixa a uma taxa de 10 % ao ano, é superior ao custo médio de capital da empresa, o que indica que este investimento deve ser realizado. Em complemento, calculamos também a TIR pelo método tradicional e comparamos os resultados:

$$8.000.000 + \sum_{t=5}^{6}\frac{FC\ negativos_t}{(1+TIR)^t} = \sum_{t=1}^{4}\frac{FC\ positivos_t}{(1+TIR)^t} + \sum_{t=7}^{10}\frac{FC\ positivos_t}{(1+TIR)^t}$$

$$TIR = 29,00\ \%\ ao\ ano$$

Neste exemplo, a compra de altos-fornos para uma indústria siderúrgica, vemos que o pressuposto da TIR tradicional, de reinvestir os fluxos de caixa à taxa de 29,00 % ao ano, torne-se de difícil verificação prática. A análise prudencial do investimento recomenda utilizar a TIRM, estimando uma taxa de reinvestimento mais adequada à realidade da empresa. Completando a análise, obtemos também o VPL do investimento, descontando todos os dez fluxos de caixa, positivos e negativos, ao custo médio de capital da empresa, de 11,319 % ao ano:

$$VPL = -8.000.000 + \sum_{j=1}^{10}\frac{FC_j}{(1,11319)^j}$$

$$VPL = \$\ 5.770.035$$

Isto posto, perante as três metodologias de análise, o investimento nos novos altos fornos da siderúrgica deve ser realizado.

3.4 TIR incremental

O método da TIR incremental (TIR_i), também conhecida por Intersecção de Fischer, é utilizado quando é preciso comparar alternativas de investimentos, cujos fluxos de caixa são diferentes. O cálculo da TIR incremental indica a taxa em o VPL será o mesmo para as duas alternativas de investimento, ponto onde a escolha torna-se indiferente para a empresa.

Exemplo 3.4.1

Os executivos de uma empresa estão analisando duas alternativas de investimentos em ativos operacionais diversos, os quais produzirão os seguintes fluxos de caixa ao longo dos próximos seis anos:

Projeto	Investimento Inicial	Fluxos de caixa ($ mil)					
		Ano 1	Ano 2	Ano 3	Ano 4	Ano 5	Ano 6
A	(150.000)	50.000	50.000	50.000	40.000	30.000	30.000
B	(250.000)	30.000	30.000	40.000	80.000	150.000	150.000

Sabe-se que os custos de capital serão os mesmos para ambos os projetos. Os gestores desejam saber qual o ponto onde os VPL dos dois projetos se igualam. Será necessário então calcular os valores incrementais, ou as diferenças de valores, entre os fluxos de caixa dos projetos A e B. Como o projeto B requer um maior investimento inicial, calculamos estes valores extraordinários advindos dos fluxos de caixa do projeto B em relação ao projeto A:

Projeto	Investimento Inicial	Fluxos de caixa ($ mil)					
		Ano 1	Ano 2	Ano 3	Ano 4	Ano 5	Ano 6
A	(150.000)	50.000	50.000	50.000	40.000	30.000	30.000
B	(250.000)	30.000	30.000	40.000	80.000	150.000	150.000

B – A	(100.000)	(20.000)	(20.000)	(10.000)	40.000	120.000	120.000

Na sequência calculamos a TIR dos valores resultantes das diferenças entre os fluxos dos projetos B e A. Esta TIR é conhecida como TIR incremental ou Intersecção de Fischer:

$$-100.000 + \sum_{t=1}^{3} \frac{FC\ negativos_t}{(1+TIR)^t} = \sum_{j=4}^{6} \frac{FC\ positivos_j}{(1+TIR)^j}$$

$$TIR_i = 14{,}171202\ \%$$

Caso a taxa de desconto dos fluxos de caixa ou custo médio do capital seja igual à TIR incremental, os VPL de ambos os projetos será exatamente o mesmo, no caso, um VPL de $ 18.300. Na ocorrência de uma taxa de desconto superior à TIR incremental (como por exemplo, 15 % ao ano), o projeto A torna-se mais interessante, pois gera um VPL maior. Isto ocorre porque os melhores fluxos de caixa do projeto A ocorrem no início, em seus três primeiros anos. Caso contrário, uma taxa de desconto inferior à TIR incremental (por exemplo, 13 % ao ano), a escolha deverá recair sobre o projeto B, dado o seu maior VPL, conforme observamos pelo gráfico a seguir:

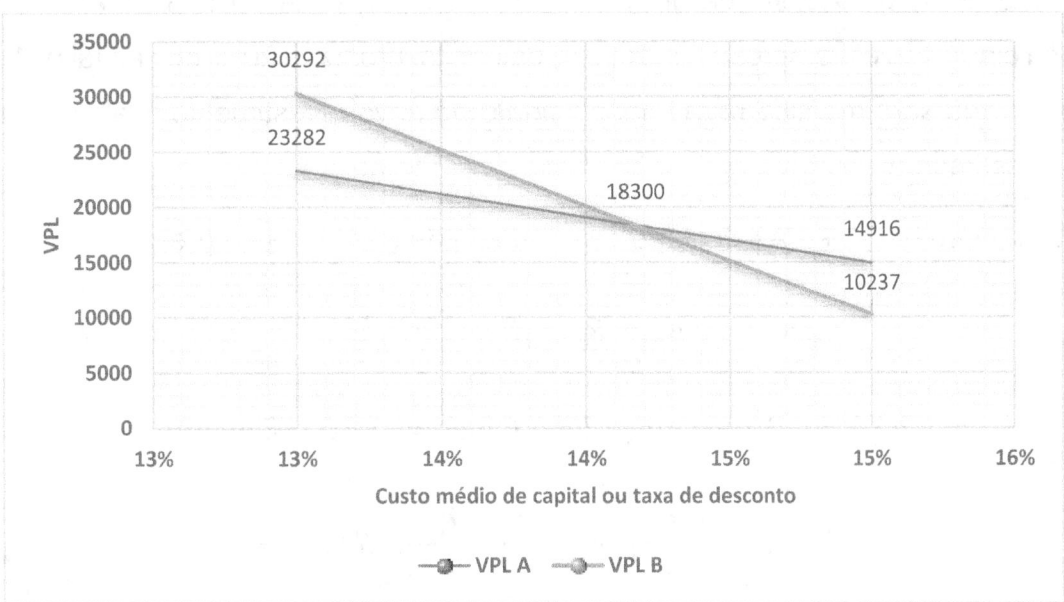

Portanto, o cálculo da TIR incremental é útil para comparar alternativas de investimentos diversos com seus respectivos custos médios de capital.

3.5 Payback

Quando se analisa a viabilidade de um investimento, o fator tempo de retorno pode ser decisivo. A metodologia do *payback* oferece uma resposta quanto ao prazo médio de retorno de um projeto com base nos futuros fluxos de caixa gerados internamente. Aceitam-se projetos de investimentos cujo período de *payback* sejam iguais ou inferiores aqueles estipulados pelos gestores da empresa e recusam-se aqueles cujo *payback* seja superior. Como o tempo de retorno é um fator de risco para qualquer o empreendimento, investimentos com menor *payback* implicam em menores riscos financeiros para a empresa.

Exemplo 3.5.1

Os administradores de uma empresa de componentes plásticos pretendem investir $ 200.000 na aquisição de uma nova máquina injetora. O fluxo de caixa operacional gerado pela nova máquina, em seu primeiro ano de operação será de $ 60.000 e crescerá a uma taxa de 5 % ao ano pelos próximos cinco anos, quando a máquina poderá ser vendida pelo seu valor residual de $ 50.000, no final do 5º ano. A taxa de juros livre de riscos é de 6 % ao ano, o retorno da carteira de mercado é de 12 % ao ano e o coeficiente beta (β) da empresa é de 1,10. O custo da dívida da empresa (K_d) é de 10,8 % ao ano, a alíquota tributária é de 34 % e a empresa utiliza 80 % de capital próprio e 20 % de capital de terceiros, proporção que será mantida para financiamento do novo investimento. Calcule o *payback* deste investimento:

O primeiro passo será calcular o custo médio de capital da empresa:

$$K_e = R_f + \beta(R_m - R_f)$$

$$K_e = 0,06 + 1,10\,(0,12 - 0,06) = 12,60\,\%\ ao\ ano$$

$$WACC = \frac{E}{E+D} x\ K_e + \frac{D}{E+D} x\ K_d\ x(1 - IR)$$

$$WACC = 0,80\ x\ 0,126 + 0,20\ x\ 0,108\ x\ (1 - 0,34) = 11,5056\,\%\ ao\ ano$$

Em seguida, trazemos os cinco fluxos de caixa a valor presente, descontando-os ao custo médio de capital da empresa:

Ano	Fluxo de caixa nominal ($)	Fluxo de caixa a valor presente ($)	Saldos acumulados de caixa ($)
0	(200.000)	(200.000)	(200.000)
1	60.000	53.808,96	(146.191,04)
2	63.000	50.669, 57	(95.521,47)
3	66.150	47.713,34	(47.808,13)
4	69.457	44.929,57	(2.878,54)
5	122.930	71.913,95	68.435,41

Por intermédio da soma dos valores presentes dos futuros fluxos de caixa percebemos que o saldo acumulado de caixa se torna positivo entre o 4º e 5º ano do investimento. Encerrado o 4º ano, o saldo acumulado ainda está negativo em $ 2.878,54 e, ao final do 5º ano, o saldo de caixa já está positivo em $ 68.435,41. Calculando por regra de três, temos que o saldo acumulado de caixa irá zerar em aproximadamente 4 anos e 15 dias, sendo este o *payback* efetivo do investimento, calculado pelos fluxos de caixa descontados ao custo médio de capital da empresa.

Para apurarmos o *payback* médio utilizamos os mesmos fluxos de caixa positivos gerados pelo investimento e descontados ao custo médio de capital e dividimos pelo número de anos do investimento:

$$\frac{53.808,96 + 50.669,57 + 47.713,34 + 44.929,59 + 71.313,95}{5} = \$\, 53.687,08$$

Dividimos o fluxo inicial do investimento pelo fluxo médio dos cinco anos seguintes temos:

$$\frac{\$\, 200.000}{\$\, 53.687,08} = 3,725 \text{ anos ou } 3 \text{ anos}, 8 \text{ meses e } 21 \text{ dias}$$

Portanto, os dois métodos de cálculo do *payback* do investimento revelam:

Payback efetivo : 4 anos e 15 dias

Payback médio : 3 anos, 8 meses e 21 dias

Como critério de aceitação do investimento pela metodologia do *payback*, será preciso comparar os prazos encontrados com os prazos de retornos desejados pelos gestores. Caso almejem um prazo de retorno superior aqueles apurados (por exemplo, em cinco anos), o investimento deve ser aceito, caso contrário, deverá ser recusado.

Neste exemplo, o cálculo da TIR tradicional aponta uma taxa de 22,996 % ao ano e a TIRM, pressupondo o reinvestimento dos fluxos de caixa a uma taxa de 10 % ao ano, de 18,265 % ao ano, ambas superiores ao custo médio de capital da empresa, de 11,5056 % ao ano, a indicar que o investimento deve ser realizado.

Também a análise pelo método do VPL indica a decisão de investir, com um VPL positivo de $ 68.435,08.

O método do *payback* efetivo possui uma limitação em relação ao *payback* médio e às outras metodologias de análise de investimentos como o VPL e a TIR, por não considerar na análise os fluxos de caixa que ocorrem após o período de corte. Esta deficiência pode levar os executivos a privilegiarem projetos de investimento que deem retorno em um período mais curto, em detrimento de projetos mais rentáveis, cujo retorno ocorra em períodos maiores. Pode-se corrigir este viés de curto prazo do *payback* efetivo optando-se pelo *payback* médio, o qual apura melhor a distribuição dos fluxos de caixa durante o tempo do investimento.

Exemplo 3.5.2

Os executivos de uma empresa devem decidir entre dois projetos de investimento mutuamente excludentes. Ambos envolvem o mesmo investimento inicial e tem como custo de capital, o custo médio de capital da própria empresa, de 14 % ao ano. Os fluxos de caixa de ambos os projetos, pelos próximos oito anos, encontram-se abaixo:

Projeto	Valor do investimento ($)	Fluxos de caixa ($)							
		Ano 1	Ano 2	Ano 3	Ano 4	Ano 5	Ano 6	Ano 7	Ano 8

A	200.000	120.000	100.000	30.000	20.000	20.000	20.000	10.000	5.000
B	200.000	20.000	20.000	30.000	100.000	120.000	150.000	90.000	60.000

O projeto A tem um *payback* efetivo de aproximadamente 2 anos, 10 meses e 16 dias. O projeto B, por sua vez, tem um *payback* efetivo de aproximadamente 5 anos, 4 meses e 13 dias. Isto ocorre porque no projeto B, os maiores fluxos de caixa ocorrem a partir do ano 4, ao contrário de projeto A, onde acontecem nos dois primeiros anos.

Caso o critério de aceitação fosse apenas o *payback* efetivo, os executivos da empresa se veriam tentados a aceitar o projeto A, o qual tem um *payback* efetivo inferior. No entanto, esta não teria sido a melhor escolha para beneficiar a empresa e seus acionistas, por não considerar a distribuição de todos os fluxos de caixa durante o tempo do investimento.

Comparamos respectivos *paybacks* médios e obtemos:

$$\frac{\frac{120}{1,14} + \frac{100}{1,14^2} + \frac{30}{1,14^3} + \frac{20}{1,14^4} + \frac{20}{1,14^5} + \frac{20}{1,14^6} + \frac{10}{1,14^7} + \frac{5}{1,14^8}}{8} = \$\,29.943$$

$$Payback\ médio\ Projeto\ A:\ \frac{\$\,200.000}{\$\,29.943} = 6{,}67922 \quad ou\ 6\ anos, 8\ meses\ e\ 5\ dias$$

$$\frac{\frac{20}{1,14} + \frac{20}{1,14^2} + \frac{30}{1,14^3} + \frac{100}{1,14^4} + \frac{120}{1,14^5} + \frac{150}{1,14^6} + \frac{90}{1,14^7} + \frac{60}{1,14^8}}{8} = \$\,37.506$$

$$Payback\ médio\ Projeto\ B:\ \frac{\$\,200.000}{\$\,37.506} = 5{,}3324 \quad ou\ 5\ anos, 3\ meses\ e\ 29\ dias$$

Percebemos que o *payback* médio, calculado pela média aritmética de todos os oito fluxos proporcionados pelo investimento, mostra outro resultado, a direcionar a escolha da empresa ao projeto B. Neste caso, recomenda-se utilizar também as metodologias do VPL e da TIR para determinar qual, entre estes dois investimentos excludentes, é o melhor:

Projeto A	Projeto B

VPL	TIR	VPL	TIR
$ 39.548,93	24,4527 %	$ 100.053,51	24,0086 %

Os dois projetos têm TIR muito próximas e seriam aceitos segundo esta metodologia (TIR > custo de capital). Contudo o VPL do projeto B é muito maior, e levará a uma maior criação de valor futuro para a empresa e seus acionistas. Portanto, nestas condições, entre estes dois investimentos mutuamente excludentes, a escolha dos executivos deve ser a do projeto B.

Em virtude de suas limitações, o método do *payback* costuma ser utilizado nas empresas apenas para projetos de investimentos que envolvam pequena quantidade de recursos e os respectivos fluxos de caixa não se prolonguem por muitos períodos. Para a análise de investimentos mais complexos, cujos fluxos de caixa se desenvolvam por um período futuro considerável, as metodologias do VPL, TIR e TIRM são as mais recomendáveis.

3.6 Índice de Lucratividade

O Índice de Lucratividade (IL) é calculado pela razão entre os fluxos de caixa futuros gerados pelo investimento descontados à taxa que representa o custo de capital e o seu valor inicial. É representado pela fórmula (3.6.1):

$$IL = \frac{\sum_{t=1}^{n} \frac{FC_t}{(1+i)^t}}{I_0} \qquad (3.6.1)$$

Onde FC_t são os fluxos de caixa gerados pelo investimento, i é a taxa de desconto apropriada, a qual representa o custo de capital do investimento e I_0, o investimento inicial. Caso o IL seja maior que 1,00 a soma dos fluxos de caixa futuros gerados pelo empreendimento e descontados a valor presente será superior ao montante do investimento inicial. A metodologia do IL guarda muitas semelhanças com o VPL, pois investimentos cujos resultados sejam superiores a 1,00 serão também VPL positivo, enquanto investimentos com IL inferior a 1,00 serão VPL negativos.

IL	VPL	TIR	Resultado
IL > 1,00	positivo	superior ao custo de capital	Aceita-se o investimento
IL < 1,00	negativo	inferior ao custo de capital	Rejeita-se o investimento
IL = 1,00	zero	igual ao custo de capital	O investimento apenas cobre o custo de capital sem criar riqueza futura para a empresa e seus acionistas

Exemplo 3.6.1

Utilizando os dados do exemplo 3.5.2 vamos calcular o IL dos dois projetos de investimentos mutuamente excludentes, cujo custo de capital é de 14 % ao ano:

$$IL_A = \frac{\frac{120.000}{1,14} + \frac{100.000}{1,14^2} + \frac{30.000}{1,14^3} + \frac{20.000}{1,14^4} + \frac{20.000}{1,14^5} + \frac{20.000}{1,14^6} + \frac{10.000}{1,14^7} + \frac{5.000}{1,14^8}}{200.000}$$

$$IL_A = 1,197745$$

$$IL_B = \frac{\frac{20.000}{1,14} + \frac{20.000}{1,14^2} + \frac{30.000}{1,14^3} + \frac{100.000}{1,14^4} + \frac{120.000}{1,14^5} + \frac{150.000}{1,14^6} + \frac{90.000}{1,14^7} + \frac{60.000}{1,14^8}}{200.000}$$

$$IL_B = 1,500267$$

O IL superior do projeto B confirma o seu VPL maior e, portanto, sua maior criação de riqueza futura à empresa e seus acionistas.

3.7 Avaliação de Investimentos por Opções Reais

Aceitar um projeto de investimento não significa necessariamente cumpri-lo por todo o período estimado. Após seu início, as variáveis que embasaram a decisão original, como as condições macroeconômicas e de mercado, podem se modificar, levando a empresa a percorrer alguma alternativa para corrigir a rota deste investimento em andamento. Isto será facilitado se o projeto inicial contar com opções reais. Opções reais podem então ser definidas como alternativas que a empresa dispõe para acrescentar ao investimento original, deixando-o mais flexível às incertezas futuras.

As opções reais mais utilizadas são a alternativa de postergar o início do investimento, de expandir o investimento, caso os resultados iniciais sejam animadores e a opção de encerramento ou saída, a qual representa o desinvestimento precoce antes do termo final projetado, em virtude dos resultados iniciais não performarem como o planejado. Isto posto, na análise inicial do investimento, os gestores já consideram quais serão as alternativas futuras que a empresa adotará durante a execução do projeto, caso as estimativas originais se alterem.

A metodologia de avaliação de investimentos utilizando opções reais emprega os conceitos do método de avaliação das opções financeiras negociadas em mercado, às decisões de investimentos, precificando as alternativas que a empresa dispõe. As opções financeiras são contratos bilaterais negociados em bolsas de valores que dão aos seus compradores o direito de exercer a compra ou a venda de um determinado ativo por um preço pré-fixado até uma data estabelecida, direito este que só será de fato utilizado se as condições de mercado assim permitirem.

O método das opções reais é usado em conjunto com o VPL, de modo a estimar se o valor presente da opção real supera aquele dos fluxos de caixa inicialmente projetados. Por exemplo, caso nos dois anos iniciais do investimento, os fluxos de caixa projetados forem inferiores ao estimado e o valor presente de uma opção de abandono do projeto de investimento ao final do segundo ano for superior ao valor presente dos fluxos de caixa gerados por este mesmo investimento a partir do terceiro ano, compensará aos gestores encerrarem o projeto ao final do segundo ano. Assim, graças a esta opção de abandono a ser exercida ao final do segundo ano, os executivos da empresa terão uma alternativa para desinvestir, se os montantes inicialmente estimados não se verifiquem.

Exemplo 3.7.1

Os executivos da mineradora Vega estão analisando a proposta de investimento em uma nova mina, cuja concessão para exploração pelo prazo de 15 anos foi adquirida por $ 100.000. Os gestores encontram-se divididos entre começar o investimento agora ou adiar seu início para daqui um ano, quando acreditam que haverá melhores condições de mercado para financiar a obra e vender o mineral extraído. O investimento inicial demandará o prazo de um ano para ser realizado. Na hipótese de começarem o investimento agora, consideram como custo médio ponderado de capital que irá financiar todo o projeto, a taxa de 10,90 % ao ano pelos próximos quinze anos. Caso resolvam adiar seu início por um ano, estimam que o custo médio ponderado do capital que irá financiá-lo cairá para 9,70 % ao ano, em virtude das quedas nas taxas de juros primárias, fato que irá perdurar até o encerramento do contrato de concessão para a exploração.

O investimento inicial, que será feito ao longo do primeiro ano, será de $ 3.000.000 para as duas alternativas e o preço da tonelada do mineral, que está atualmente em $ 120,00, irá aumentar em média 5 % ao ano, até o final da concessão. No primeiro ano de atividade após encerrado o investimento inicial, a nova mina poderá produzir e comercializar 10.000 toneladas de mineral, quantidade que crescerá cerca de 3,5 % ao ano, até o termo final do contrato. O custo dos produtos vendidos atinge 30 % da receita nas duas hipóteses e as despesas administrativas e com vendas são de 15 % desta mesma receita. Os ativos do investimento inicial serão inteiramente depreciados linearmente durante o prazo da concessão e a alíquota do imposto de renda é de 34 % ao ano. Qual deverá ser a decisão dos gestores, começar já ou adiar o início do projeto para o próximo ano?

A compra da concessão de exploração da mina equivale a uma opção de compra, conhecida como *call*, a ser exercida no prazo de até quinze anos. Ela acrescenta uma flexibilidade ao projeto inicial, permitindo aos gestores iniciá-lo de imediato ou adiá-lo para o futuro. Vamos então comparar as duas alternativas, A1 e A2, as quais representam as decisões de iniciar agora ou adiar o início pelo prazo de um ano:

ANO	0	1	2	3	4	5	6	7	8	9	10	11	12	13	14	15
A1	CC	I	FC	FC	FC	FC	FC	FC	FC	FC	FC	FC	FC	FC	FC	FC
A2	CC	A	I	FC	FC	FC	FC	FC	FC	FC	FC	FC	FC	FC	FC	FC

Em que *CC* representa o desembolso com a compra da concessão que dá os direitos de exploração sobre a mina pelo prazo de 15 anos, *I* é o investimento inicial, *A* representa o ano de adiamento e *FC* os fluxos de caixa operacionais gerados pelo investimento assim que a nova mina estiver produzindo. Desta forma, se os gestores começarem o projeto de imediato, serão 14 FC até o termo final da concessão e se adiarem por um ano, a mina produzirá 13 FC. O custo inicial para a compra da concessão pelo prazo de 15 anos ($ 100.000) representa o único desembolso de caixa realizado no ano 0. Podemos então, de acordo com as estimativas traçadas pelos executivos, quantificar os fluxos de caixa operacionais gerados pelas duas alternativas e descontá-los a valor presente:

Alternativa 1: Iniciar o investimento de imediato. O investimento ocupará todo o primeiro ano do prazo da concessão de exploração da mina. A produção e a venda do minério somente ocorrerão a partir do ano 2.

	Ano							
	0	1	2	3	4	5	6	7
Toneladas produzidas	-	-	10.000	10.350	10.712	11.087	11.475	11.877
$ tonelada	120	126	132,30	138,91	145,86	153,15	160,81	168,85
Receita vendas ($ mil)	-	-	1.323	1.437	1.562	1.698	1.845	2.005
CPV	-	-	(397)	(431)	(469)	(509)	(553)	(602)
Despesas adm.e vendas	-	-	(198)	(216)	(234)	(255)	(277)	(301)
EBITDA	-	-	728	791	859	934	1.015	1.103
Depreciação	-	-	(214)	(214)	(214)	(214)	(214)	(214)
EBIT	-	-	513	576	645	720	801	889
IR (34%)	-	-	(174,5)	(196)	(219,3)	(244,6)	(272,2)	(302,1)
NOPAT	-	-	339	380	426	475	528	587
Depreciação	-	-	214	214	214	214	214	214
Fluxo de caixa operacional	-100	-3.000	553	595	640	689	742	801

	Ano							
	8	9	10	11	12	13	14	15
Toneladas produzidas	12.293	12.723	13.168	13.629	14.106	14.600	15.111	15.640
$ tonelada	177,29	186,16	195,47	205,24	215,50	226,28	237,59	249,47
Receita vendas ($ mil)	2.179	2.368	2.573	2.797	3.039	3.303	3.590	3.901
CPV	(654)	(710)	(772)	(839)	(912)	(991)	(1.077)	(1.170)
Despesas adm.e vendas	(327)	(355)	(386)	(420)	(456)	(496)	(539)	(585)
EBITDA	1.199	1.303	1.416	1.538	1.672	1.817	1.975	2.146
Depreciação	(214)	(214)	(214)	(214)	(214)	(214)	(214)	(214)
EBIT	984	1.088	1.201	1.324	1.458	1.603	1.760	1.932
IR (34%)	(334,6)	(370)	(408,4)	(450,2)	(495,6)	(544,9)	(598,5)	(656,7)
NOPAT	650	718	793	874	962	1.058	1.162	1.275
Depreciação	214	214	214	214	214	214	214	214
Fluxo de caixa operacional	864	932	1.007	1.088	1.176	1.272	1.376	1.489

Na sequência, calculamos o VPL de todos os fluxos de caixa operacionais gerados pela alternativa 1, descontando-os ao custo médio ponderado de capital estimado, de 10,90 % ao ano:

$$VPL_1 = -100.000 + \sum_{n=1}^{15} \frac{FC_n}{1,109^n} = \$\ 2.464.007$$

Alternativa 2: Esperar um ano após a aquisição dos direitos exploratórios, em virtude das perspectivas de melhora nas condições de financiamento do investimento, decorrentes das quedas futuras nas taxas de juros de mercado:

	Ano							
	0	1	2	3	4	5	6	7
Toneladas produzidas	-	-	-	10.000	10.350	10.712	11.087	11.475
$ tonelada	120	126	132,30	138,91	145,86	153,15	160,81	168,85
Receita vendas ($ mil)	-	-	-	1.389	1.510	1.641	1.783	1.938
CPV	-	-	-	(417)	(453)	(492)	(535)	(581)
Despesas adm.e vendas	-	-	-	(208)	(226)	(246)	(267)	(291)
EBITDA	-	-	-	764	830	902	980	1.066
Depreciação	-	-	-	(231)	(231)	(231)	(231)	(231)
EBIT	-	-	-	533	599	671	749	835
IR (34%)	-	-	-	(181)	(204)	(228)	(255)	(284)
NOPAT	-	-	-	352	395	443	494	551
Depreciação	-	-	-	231	231	231	231	231
Fluxo de caixa operacional	-100	0	-3.000	583	626	674	725	782

	Ano							
	8	9	10	11	12	13	14	15
Toneladas produzidas	11.877	12.293	12.723	13.168	13.629	14.106	14.600	15.111
$ tonelada	177,29	186,16	195,47	205,24	215,50	226,28	237,59	249,47
Receita vendas ($ mil)	2.106	2.288	2.487	2.703	2.937	3.192	3.469	3.770
CPV	(632)	(686)	(746)	(811)	(881)	(958)	(1.041)	(1.131)
Despesas adm.e vendas	(316)	(343)	(373)	(405)	(440)	(479)	(520)	(565)
EBITDA	1.158	1.259	1.368	1.486	1.615	1.755	1.908	2.073
Depreciação	(231)	(231)	(231)	(231)	(231)	(231)	(231)	(231)
EBIT	927	1.028	1.137	1.255	1.384	1.524	1.677	1.842
IR (34%)	(315)	(349)	(386)	(427)	(471)	(518)	(570)	(626)
NOPAT	612	678	751	828	913	1.006	1.107	1.216
Depreciação	231	231	231	231	231	231	231	231
Fluxo de caixa operacional	843	909	982	1.059	1.144	1.237	1.338	1.447

O VPL da alternativa 2 será calculado descontando os fluxos de caixa operacionais a uma taxa de 9,70 % ao ano. O adiamento por um ano representa um fluxo de caixa operacional anual a menos para a empresa mineradora, pois o fluxo de caixa do ano 1 será zero.

$$VPL_2 = -100.000 + \sum_{n=1}^{15} \frac{FC_n}{1,097^n} = \$\, 2.574.121$$

Portanto, caso os gestores da Vega S.A. resolvam adiar o início do investimento na mina pelo prazo de um ano, em busca de melhores condições de financiamento, gerarão um VPL superior. O valor da opção real de adiamento é então:

$$VPL\ da\ opção\ real\ de\ adiar = VPL\ de\ A_2 - VPL\ de\ A_1$$

$$VPL\ da\ opção\ real\ de\ adiar = \$\,2.574.121 - \$\,2.464.007 = \$\,110.114$$

O valor da opção real ($ 110.114) está muito próximo ao valor pago pela empresa para adquirir a concessão sobre os direitos de exploração da mina pelo prazo de 15 anos. Caso as condições de financiamento para esta mina melhorassem ainda mais, levando a uma redução maior no custo médio de capital (por exemplo, 9 % ao ano), o valor da opção real de adiar o início do projeto aumentaria. Na tabela a seguir, temos uma simulação comparativa do VPL do investimento relativo às decisões de iniciar de imediato ou adiar por um ano e o VPL da opção real de adiamento em cada uma das situações, com taxas de juros de financiamento diferentes.

Taxa de juros de financiamento (%)	Decisão da empresa	Fluxos de caixa operacionais decorrentes de venda do produto	VPL do investimento ($)	VPL da opção real de adiamento ($)
10,90	Iniciar de imediato	14	2.464.007	-
10,00488	Adiar por um ano	13	2.464.010	zero
9,70	Adiar por um ano	13	2.574.121	110.114

9,00	Adiar por um ano	13	2.841.786	377.779

Neste exemplo, para os gestores da empresa Vega S.A. seria indiferente entre iniciar o projeto de investimento de imediato, financiando-o a uma taxa anual de 10,90 % ou adiar o início por um ano, financiando-o a uma taxa de 10,0048 % ao ano. Portanto, caso o VPL da opção real de adiamento fosse zero, a empresa seria indiferente entre começar agora ou adiar o início do projeto em um ano. Como as expectativas nas condições de financiamento no próximo ano serão ainda melhores (taxas de 9,70 % ao ano), o VPL positivo da opção real de adiamento justifica a decisão de não iniciar agora e sim, apenas no próximo ano.

A aquisição dos direitos exploratórios por prazo determinado é equiparada a uma *call* que a empresa detém sobre a mina, podendo exercê-la a qualquer momento até seu termo final em quinze anos. Desta forma, o investimento original torna-se mais flexível, pois os gestores da empresa têm mais flexibilidade para escolher o melhor momento para iniciar o projeto, dados seus custos de financiamento e suas perspectivas de geração de fluxos de caixa operacionais.

4. Política de Dividendos de uma empresa

O objetivo da atividade empresarial é gerar valor futuro aos proprietários do negócio. Verificado um resultado positivo no exercício, a empresa terá condições de distribuir um percentual deste lucro líquido aos seus acionistas, remunerando-os pelo capital inicialmente investido. A decisão de distribuição de dividendos integra o grupo das três decisões financeiras corporativas e necessariamente deve estar relacionada às decisões de investimento e financiamento, as quais, em conjunto, serão responsáveis pela maximização de valor na companhia.

A questão principal que se impõe à política de dividendos diz respeito ao *payout*, ou percentual do lucro líquido do exercício que será distribuído e guarda uma relação direta com os futuros investimentos que a empresa pretende realizar. Empresas com políticas de dividendos generosas, com maiores *payouts*, retém para si menos lucros e, portanto, capitalizam-se menos para os próximos investimentos. Como consequência, os gestores, ao elaborarem a política de dividendos da empresa, devem sempre considerar como variável principal a determinar o *payout*, as futuras necessidades de investimentos da companhia. Há então um *trade-off* entre pagar maiores dividendos aos acionistas ou manter a empresa mais capitalizada, com o objetivo de financiar os futuros investimentos com recursos próprios.

Consoante a teoria da *pecking order*[10], a primeira fonte de financiamento de uma empresa são os recursos internos, cuja origem são os lucros acumulados de exercícios passados. Com efeito, empresas consolidadas e estáveis, cuja receita cresce a uma taxa próxima ao crescimento da economia, têm baixas necessidades de investimentos futuros e condições de pagarem maiores *payouts* aos seus acionistas. Por outro lado, empresas iniciantes ou em fase de crescimento acelerado e com grandes necessidades de investimentos futuros não devem pagar dividendos aos seus acionistas, pois necessitam canalizar todos seus recursos à consolidação de sua expansão. O *payout* também está inversamente correlacionado ao crescimento esperado no lucro líquido. Empresas com maiores *payouts* tem menores expectativas de crescimento nos lucros futuros, enquanto empresas que retém mais lucros (menores *payouts*) podem experimentar um crescimento esperado maior nos lucros dos próximos exercícios.

Os pagamentos de dividendos e demais proventos, por constituírem os fluxos de caixa periódicos aos acionistas, são utilizados para se avaliar o patrimônio líquido da companhia, a partir do valor individual da ação. Ações de empresas boas pagadoras de dividendos e proventos costumam ser menos voláteis e atraem investidores cuja principal motivação é manter uma carteira de ações no longo prazo e receber o retorno do investimento na forma de pagamentos periódicos, um fenômeno conhecido como "efeito clientela".

A questão dos dividendos no Brasil encontra amparo na Lei n. 6.404 / 76, conhecida como Lei das Sociedades Anônimas, a qual preceitua, em seu artigo 201, que a companhia somente poderá pagar dividendos à conta de lucros líquidos do exercício, de lucros acumulados e de reservas de lucros. Desta forma, vincula-se a distribuição de dividendos aos acionistas à ocorrência de lucro líquido no último exercício ou em exercícios passados, os quais tenham gerado uma reserva de lucros acumulados que possa ser distribuída pela empresa. O dispositivo legal, em seu artigo 202, estabelece também como dividendo obrigatório, a parcela do lucro determinada no estatuto da companhia ou, em caso de omissão, metade do lucro líquido do exercício, subtraindo-se a importância destinada à constituição da reserva legal, à formação da reserva para contingências e reversão desta mesma reserva formada em exercícios anteriores. O parágrafo 2º do artigo 202 ainda destaca que, caso a assembleia-geral da companhia decida modificar o estatuto para

---

[10] Ver capítulo 2.6.3

introduzir uma nova regra acerca do pagamento de dividendos, este não poderá ser inferior a 25 % (vinte e cinco por cento) do lucro líquido ajustado, ou seja, após a exclusão das importâncias destinadas à constituição da reserva legal e reserva de contingências. Protege-se assim o acionista minoritário, sem poder decisório dentro da companhia, resguardando seu direito de participar dos lucros corporativos.

4.1 Teoria da irrelevância dos dividendos

Modigliani e Miller (1958), ao proporem a teoria da irrelevância da estrutura de capital da empresa[11], destacaram também a irrelevância da distribuição de dividendos na determinação do valor da ação da companhia. Isto posto, a decisão de distribuir ou não dividendos não impacta o preço da ação e, portanto, a riqueza dos acionistas, tornando-os indiferentes entre receber proventos e deixar a empresa mais capitalizada para futuros investimentos.

A teoria da irrelevância na distribuição de dividendos baseia-se em algumas premissas como a não incidência de impostos nos dividendos recebidos pelos acionistas e no ganho de capital decorrente da valorização da ação, ausência de custos de transação e reinvestimento da totalidade dos lucros pela empresa em projetos futuros que gerem o mesmo ROE médio. No mercado de ações brasileiro, os dividendos são isentos de tributação e o ganho de capital, a diferença positiva entre o preço de venda e o preço de compra da ação, é taxado a uma alíquota de 15 % (quinze por cento). Desta forma, a teoria da irrelevância dos dividendos não se adequa ao mercado brasileiro, dada a vantagem da isenção tributária dos dividendos perante os ganhos de capital, o que leva muitos investidores a comprar uma ação apenas para obter retorno por intermédio dos futuros dividendos a serem creditados.

Algumas empresas levam este conceito ao extremo e decidem não pagar dividendos aos seus acionistas. Adeptos da política de não distribuição de dividendos argumentam que os acionistas maximizarão sua riqueza futura ao deixar a empresa reinvestir a totalidade

---

[11] MODIGLIANI, Franco; MILLER, Merton. The cost of capital, corporation finance and the theory of investment. *American Economic Review*, v. 48, June 1958.

dos lucros do exercício. A companhia, mais capitalizada, terá melhores condições para realizar os futuros investimentos e o retorno virá por intermédio de valorização das ações. Caso dividendos sejam distribuídos, a empresa reterá menos lucros e, portanto, terá menos recursos internos para os próximos investimentos. O acionista, por sua vez, não dispõe de condições de investimentos semelhantes às da empresa, e não obterá o retorno de seus dividendos recebidos nos mesmos patamares que conseguiria se deixasse a empresa reinvesti-los integralmente.

4.2 Teoria da sinalização e a política de dividendos

Ao contrário dos estudos seminais de Modigliani e Miller, os investidores atribuem relevância à condução da política de dividendos. Com efeito, quando a empresa tem uma política clara de distribuição de lucros entre seus acionistas, contribuirá para a redução da assimetria de informações acerca de seu desempenho futuro. Assim, o pagamento de dividendos aos acionistas possui um conteúdo informacional a respeito das expectativas dos gestores em relação ao desempenho futuro da empresa, com impactos diretos no preço da ação. Portanto, quando os executivos da empresa comunicam ao mercado um aumento no valor dos próximos dividendos sinalizam um futuro crescimento nos próximos lucros corporativos, o que levará o preço das ações a reagir de forma positiva. Em sentido contrário, anúncios de redução ou corte nos futuros dividendos não costumam ser bem recebidos pelo mercado, pois podem ser interpretados como receitas e lucros futuros declinantes e levar à queda nos preços das ações.

Como as decisões financeiras corporativas devem necessariamente ser interligadas, um anúncio de redução ou suspenção na distribuição de dividendos em conjunto com um anúncio de aumento nos investimentos corporativos conduz à informação que a empresa estará a canalizar todos os seus recursos próprios aos próximos investimentos. Neste sentido, o mercado vê com bons olhos a preferência pelo financiamento com recursos próprios, o qual não levará a aumentos na alavancagem e nem à emissão de novas ações, fatores estes que poderiam impactar negativamente o preço das ações. Portanto, anúncios de redução ou suspensão de pagamentos de dividendos em conjunto com aumento nos futuros investimentos, costumam ser bem vistos pelos investidores de mercado, promovendo uma alta no preço da ação.

4.3 Teoria da relevância dos dividendos para o valor da ação

Os dividendos periódicos pagos pela empresa, à medida em que constituem fluxos de caixa direcionados aos investidores no patrimônio líquido, são utilizados para se determinar o valor aproximado da ação. Segundo Assaf Neto (2014), empresas com políticas estáveis de distribuição de dividendos reduzem o risco do acionista, o que pode levar a um crescimento no valor da ação. Neste sentido, empresas que adotam políticas constantes de pagamentos de dividendos aos seus acionistas sinalizam ao mercado que seu desempenho financeiro futuro será estável, tanto do ponto de vista da geração de caixa livre ao acionista, quanto do lucro líquido. Os investidores, por sua vez, sentem-se confortáveis em realizar a avaliação da ação, a partir das expectativas acerca dos futuros dividendos, cujo cálculo básico se dá pela fórmula do modelo de Gordon, expressa em (4.3.1):

$$P_t = \frac{Div_{(t+1)}}{K_e - g} \tag{4.3.1}$$

$$e \quad Div_{(t+1)} = Div_t \times (1 + g)$$

Em que P_t = preço da ação no tempo t; Div_t = último dividendo pago pela empresa; $Div_{(t+1)}$ = próximo dividendo por ação a ser pago pela empresa; K_e = custo de capital próprio e; g = taxa anual de crescimento dos dividendos.

Exemplo 4.3.1

A empresa Sigma pagou um dividendo de $ 1,20 por ação. A taxa de crescimento nos próximos dividendos (g) será de aproximadamente 4 % ao ano. O coeficiente beta (β) da empresa é de 0,90, a taxa de juros livre de riscos é de 5 % ao ano e o retorno esperado da carteira de mercado é de 12 % ao ano. Calcule o valor aproximado da ação hoje:

O primeiro passo será calcular o custo de capital próprio, K_e:

$$K_e = R_f + \beta(R_m - R_f)$$

$$K_e = 0,05 + 0,90\,(\,0,12 - 0,05) = 11,30\,\%\ ao\ ano$$

Em seguida calculamos o valor aproximado da ação:

$$P_t = \frac{Div_{(t+1)}}{K_e - g}$$

$$P_t = \frac{1,20\ x\ (\,1 + 0,04)}{0,113 - 0,04} = \$\ 17,09$$

O valor aproximado da ação, calculado com base nos futuros dividendos a serem pagos pela empresa e na sua taxa de crescimento anual, é de $ 17,09. Caso o preço de mercado da ação da empresa Sigma esteja acima de $ 17,09, pode ser considerada caro, em virtude dos fluxos de caixa futuros que serão pagos aos acionistas na forma de dividendos. Caso contrário, a ação da empresa Sigma negociada no mercado abaixo de $ 17,09, estará barata em razão do retorno futuro que irá proporcionar na forma de dividendos.

Utilizando-se o *payout* é possível estimar o crescimento no lucro da empresa para o próximo exercício. *Payout* e crescimento nos lucros futuros são negativamente correlacionados, ou seja, quanto maior o primeiro, menor será o segundo e vice-versa, pois maiores distribuições de lucros aos acionistas pressupõem menores investimentos futuros. Para calcularmos a taxa de crescimento esperada no lucro líquido a partir do *payout*, estimamos que a parcela de lucros não distribuída aos acionistas será incorporada ao patrimônio líquido da empresa e reinvestida para o próximo exercício, gerando um retorno próximo ao ROE médio da companhia. O ROE mensura o retorno do capital do acionista (*equity*) e é calculado pelas fórmulas (4.3.2) e (4.3.3):

$$ROE = \frac{Lucro\ líquido}{Patrimônio\ Líquido} \qquad (4.3.2)$$

$$Lucro\ Líquido = Patrimônio\ Líquido\ x\ ROE \qquad (4.3.3)$$

Para calcularmos o lucro líquido do próximo exercício utilizamos a fórmula (4.3.4), a seguir:

$$Lucro\ Líquido_{\,t+1} = PL_{t+1}\ x\ ROE \qquad (4.3.4)$$

Onde $Lucro\ Líquido_{t+1}$ = lucro líquido do próximo exercício; PL_{t+1} = patrimônio líquido no próximo exercício já com a incorporação dos lucros retidos pela empresa e não distribuídos como dividendos no último exercício e ROE = retorno médio sobre o patrimônio líquido.

Na sequência, como os lucros retidos incorporam-se ao patrimônio líquido da empresa, temos (4.3.5):

$$PL_{t+1} = PL_t + Lucros\ retidos_t \qquad (4.3.5)$$

E os lucros retidos e não distribuídos são calculados pela fórmula (4.3.6):

$$Lucros\ retidos_t = Lucro\ líquido_t \times (1 - payout) \qquad (4.3.6)$$

Assim:

$$Lucro\ Líquido_{t+1} = (PL_t + Lucros\ retidos_t) \times ROE$$

$$Lucro\ Líquido_{t+1} = (PL_t \times ROE) + (Lucros\ retidos_t \times ROE)$$

Como $(PL_t \times ROE) = Lucro\ líquido_t$ simplificamos, obtendo a fórmula (4.3.7):

$$Lucro\ líquido_{t+1} = Lucro\ líquido_t + Lucros\ retidos_t \times ROE \qquad (4.3.7)$$

Portanto, o lucro líquido do próximo exercício é uma função do lucro do exercício anterior e do percentual deste mesmo lucro que a empresa reteve e não distribuiu aos seus acionistas na forma de dividendos.

Exemplo 4.3.2

A empresa Ômega S.A. declarou em suas últimas demonstrações financeiras um lucro líquido de $ 50.000.000 e pretende distribuir 30 % deste resultado aos seus acionistas na forma de dividendos. A companhia possui 20.000.000 ações emitidas e o seu ROE médio nos últimos cinco anos foi de 14 % ao ano. A taxa de juros livre de riscos é de 5 % ao ano, o retorno esperado da carteira de mercado é de 12 % ao ano e o coeficiente beta (β) da empresa é 1,15. Calcular a taxa de crescimento esperada no lucro líquido da Ômega para o próximo ano, bem como o valor contábil e o valor de mercado aproximado da ação:

O primeiro passo será calcular o *payout* e o montante a ser retido pela empresa em sua conta de lucros acumulados:

$$Total\ dos\ dividendos\ =\ \$\ 50.000.000\ x\ 30\ \%\ =\ \$\ 15.000.000$$

$$Dividendo\ por\ ação:\ \$\ 15.000.000\ :\ 20.000.000\ ações\ =\ \$\ 0,75$$

Portanto, a empresa vai pagar $ 15.000.000 em dividendos aos acionistas e reter $ 35.000.000 em sua conta de lucros acumulados de outros exercícios, integrante do patrimônio líquido da companhia. Desta forma, o valor contábil do patrimônio líquido da companhia irá crescer na proporção dos lucros acumulados:

$$PL_{t+1}\ =\ PL_t\ +\ Lucros\ retidos_t$$

$$PL_t\ =\ \frac{Lucro\ Líquido_t}{ROE}\ =\ \frac{\$\ 50.000.000}{0,14}\ =\ \$\ 357.142.857$$

$$PL_{t+1}\ =\ \$\ 357.142.857\ +\ \$\ 35.000.000\ =\ \$\ 392.142.857$$

O que leva a um novo valor contábil da ação da empresa de:

$$\$\ 392.142.857\ :\ 20.000.000\ ações\ =\ \$\ 19,61$$

Calculado o novo valor contábil do patrimônio líquido após a incorporação dos lucros retidos do último exercício, a próxima etapa será estimar o próximo lucro líquido, utilizando-se o ROE médio da empresa, como na fórmula (4.3.4):

$$Lucro\ Líquido_{t+1}\ =\ PL_{t+1}\ x\ ROE$$

$$Lucro\ Líquido_{t+1}\ =\ \$\ 392.142.857\ x\ 14\ \%\ =\ \$\ 54.900.000$$

Em seguida, encontramos a taxa de crescimento no lucro líquido para o próximo exercício:

$$Crescimento\ no\ lucro = \left(\frac{Lucro\ líquido_{t+1}}{Lucro\ líquido_t} - 1\right) x\ 100$$

$$Crescimento\ no\ lucro = \left(\frac{54.900.000}{50.000.000} - 1\right) x\ 100 = 9,8\ \%$$

Isto posto, dado um *payout* de 30 % e um ROE médio de 14 % ao ano, estima-se uma taxa de crescimento no lucro líquido da empresa de 9,8 % para o próximo exercício.

Pode-se chegar ao mesmo resultado utilizando-se apenas o lucro líquido atual e os lucros retidos multiplicados pelo ROE, como na fórmula (4.3.7):

$$Lucro\ líquido_{t+1} = Lucro\ líquido_t + Lucros\ retidos_t\ x\ ROE$$

$$Lucro\ líquido_{t+1} = \$\ 50.000.000 + \$\ 35.000.000\ x\ 0,14$$

$$Lucro\ líquido_{t+1} = \$\ 54.900.000$$

As duas fórmulas conduzem ao mesmo resultado quanto às estimativas de lucro líquido para o próximo exercício.

Na próxima etapa, para calcularmos o valor de mercado aproximado da ação será necessário levantar o custo de capital próprio da empresa, K_e:

$$K_e = R_f + \beta\ (R_m - R_f)$$

$$K_e = 0,05 + 1,15\ (0,12 - 0,05) = 13,05\ \%\ ao\ ano$$

Para encontrarmos o valor de mercado aproximado da ação pelo modelo de Gordon, a partir do último dividendo distribuído aos acionistas, pressupomos que a política de distribuição de lucros futuros manter-se-á estável, ou seja, não haverá alterações no *payout* para os próximos exercícios e toda a taxa de crescimento nos lucros será igual à taxa de crescimento nos dividendos por ação.

$$P_t = \frac{Div_{(t+1)}}{K_e - g}\ ,\quad e\quad Div_{(t+1)} = Div_t\ x\ (1+g)$$

$$P_t = \frac{\$\ 0,75\ x\ 1,098}{0,1305 - 0,098} = \$\ 25,33$$

Assim, o valor de mercado aproximado da ação da empresa é de $ 25,33, a partir do qual extraímos também o valor de mercado de seu patrimônio líquido:

$$PL_{mercado} = \$\,25{,}33 \ x\ 20.000.000\ ações = \$\,506.600.000$$

Observa-se que o valor de mercado do patrimônio líquido da empresa é bem superior ao seu valor contábil, mesmo após incorporado o montante de lucros retidos no exercício atual. O valor de mercado das ações, calculado pelo modelo de Gordon, é baseado nas expectativas de crescimento para os futuros dividendos, bem como no custo de capital próprio da empresa.

Por fim, podemos calcular quantas vezes o valor de mercado da ação supera o seu valor contábil, ou índice *market-to-book*:

$$Market-to-book = \frac{Valor\ de\ mercado\ da\ ação}{Valor\ contábil\ da\ ação} = \frac{\$\,25{,}33}{\$\,19{,}61} = 1{,}2917$$

Portanto, neste exemplo, as ações da empresa Ômega S.A. são negociadas em bolsa de valores a 1,2917 vezes o seu valor contábil. O valor de mercado da ação é volátil e pode se alterar caso ocorram mudanças nas expectativas dos investidores, quanto às taxas de crescimento nos dividendos futuros e no risco da empresa. O valor contábil é mais estável e depende do próximo percentual de lucros retidos a ser futuramente incorporado ao patrimônio líquido.

A política de distribuição de dividendos aos acionistas impacta o preço de mercado da ação da empresa. Uma empresa que retém mais lucros, como no exemplo anterior, aumentará suas possibilidades futuras de investimentos, o que leva à maiores expectativas de crescimento nos lucros dos próximos exercícios. No próximo exemplo, veremos o caso de empresas com um *payout* maior, boas pagadoras de dividendos, conhecidas no mercado como "*vacas leiteiras*" ou "*cash cows*" e o impacto de sua política de distribuição de lucros nas expectativas de crescimento no patrimônio líquido da companhia, nos lucros futuros e no preço das ações.

Exemplo 4.3.3

A empresa do setor elétrico Lambda S.A. divulgou ao mercado, em suas últimas demonstrações financeiras um lucro líquido de $ 120.000.000 e distribuirá 75% deste resultado aos seus acionistas na forma de dividendos. A companhia possui 80.000.000 ações emitidas e o seu ROE médio nos últimos cinco anos foi de 13 % ao ano. A taxa de juros livre de riscos é de 5 % ao ano, o retorno esperado da carteira de mercado é de 12 % ao ano e o coeficiente beta (β) da empresa é 0,90. Calcular a taxa de crescimento esperada no lucro líquido da Lambda S.A. para o próximo exercício, bem como o valor contábil e o valor de mercado aproximado de sua ação:

A primeira etapa será calcular o *payout*, o valor do dividendo por ação e o montante a ser retido pela empresa neste exercício, em sua conta de lucros acumulados:

$$Total\ dos\ dividendos = \$\ 120.000.000 \times 75\ \% = \$\ 90.000.000$$

$$Dividendos\ por\ ação = \$\ 90.000.000 : 80.000.000\ ações = \$\ 1,125$$

Portanto, a Lambda S.A. vai pagar $ 90.000.000 aos seus acionistas na forma de dividendos e vai direcionar $ 30.000.000 para a conta de lucros acumulados, integrante do patrimônio líquido da empresa. Desta forma, o valor contábil do patrimônio líquido da companhia irá crescer na proporção do aumento na conta de lucros acumulados:

$$PL_{t+1} = PL_t + Lucros\ retidos_t$$

$$PL_t = \frac{Lucro\ Líquido_t}{ROE} = \frac{\$\ 120.000.000}{0,13} = \$\ 923.076.923$$

$$PL_{t+1} = \$\ 923.076.923 + \$\ 30.000.000 = \$\ 953.076.923$$

Dividindo o valor contábil do patrimônio líquido após a incorporação dos lucros retidos pelo total de ações temos o novo valor contábil da ação da empresa:

$$\$\ 953.076.923 : 80.000.000\ ações = \$\ 11,91$$

Na sequência, calculamos as estimativas de lucro líquido para o próximo exercício, bem como a sua taxa de crescimento esperada, em relação ao período atual.

$$Lucro\ líquido_{t+1} = Lucro\ líquido_t + Lucros\ retidos_t \times ROE$$

$$Lucro\ líquido_{t+1} = \$\ 120.000.000 + \$\ 30.000.000 \times 0,13$$

$$Lucro\ líquido_{t+1} = \$\ 123.900.000$$

$$Crescimento\ no\ lucro = \left(\frac{Lucro\ líquido_{t+1}}{Lucro\ líquido_t} - 1\right) \times 100$$

$$Crescimento\ no\ lucro = \left(\frac{123.900.000}{120.000.000} - 1\right) \times 100 = 3,25\ \%$$

Assim, como a Lambda S.A. tem um *payout* de 75 % e um ROE médio de 13 % ao ano, estima-se uma taxa de crescimento no lucro líquido da empresa de 3,25 % para o próximo exercício.

Na próxima etapa, para calcularmos o valor de mercado aproximado da ação será necessário encontrarmos o custo de capital próprio da empresa, K_e:

$$K_e = R_f + \beta\ (R_m - R_f)$$

$$K_e = 0,05 + 0,90\ (0,12 - 0,05) = 11,30\ \%\ ao\ ano$$

No cálculo do valor de mercado aproximado da ação pelo modelo de Gordon, a partir do último dividendo distribuído aos acionistas, assumimos que a política de distribuição de lucros futuros manter-se-á estável, ou seja, não haverá alterações no *payout* de 75 % para os próximos exercícios. Desta forma, a taxa de crescimento nos lucros será igual à taxa de crescimento nos dividendos por ação.

$$P_t = \frac{Div_{(t+1)}}{K_e - g}\ ,\quad e\quad Div_{(t+1)} = Div_t \times (1 + g)$$

$$P_t = \frac{\$\ 1,125\ \times 1,0325}{0,1130 - 0,0325} = \$\ 14,42$$

Como o valor de mercado aproximado da ação da empresa, calculado pelo modelo de Gordon é de $ 14,42, encontramos o valor de mercado de seu patrimônio líquido:

$$PL_{mercado} = \$\,14{,}42 \ x\ 80.000.000\ ações = \$\,1.153.600.000$$

Também neste exemplo, o valor de mercado do patrimônio líquido da empresa é bem superior ao seu valor contábil, mesmo após incorporado o montante de lucros retidos no exercício atual. O valor de mercado das ações, calculado pelo modelo de Gordon é baseado nas expectativas de crescimento para os futuros dividendos, bem como no custo de capital próprio da empresa, derivado de seu risco sistêmico. Assim, calculamos seu índice *market-to-book*:

$$Market - to - book = \frac{Valor\ de\ mercado\ da\ ação}{Valor\ contábil\ da\ ação} = \frac{\$\,14{,}42}{\$\,11{,}91} = 1{,}2107$$

Nos exemplos 4.3.2 e 4.3.3 observa-se que a empresa com menor *payout* tem maiores expectativas de crescimento no lucro líquido para o próximo exercício, a passo que a companhia que distribui aos acionistas uma fatia maior de seu lucro líquido, terá expectativas de crescimento em seu lucro líquido inferiores à primeira.

Empresas consideradas "vacas leiteiras" ou "*cash cows*" têm como principais características a estabilidade em seus fluxos de caixa operacionais e poucas necessidades de grandes investimentos em expansão operacional, razões pela qual encontram-se em situação confortável para remunerar seus acionistas com maiores dividendos. Companhias em fase de expansão, caracterizadas principalmente pela grande necessidade de investimentos em ativos operacionais, por sua vez, não podem pagar altos *payouts* sob pena de comprometer o crescimento futuro e a até sua própria sobrevivência em um mercado competitivo.

Em empresas com políticas de dividendos estáveis, podemos também estimar os próximos dividendos por ação a serem pagos, a partir das fórmulas de cálculo do K_e, igualando-se o custo de capital próprio calculado pelo modelo CAPM àquele calculado pelo modelo de dividendos descontados, para obtermos a fórmula (4.3.8):

$$K_e = R_f + \beta\left(R_m - R_f\right) \quad e \quad K_e = \frac{Div_{(t+1)}}{P_t} + g$$

$$\frac{Div_{(t+1)}}{P_t} + g = R_f + \beta(R_m - R_f)$$

$$\frac{Div_{(t+1)}}{P_t} = R_f + \beta(R_m - R_f) - g$$

$$Div_{(t+1)} = P_t \times [R_f + \beta(R_m - R_f) - g] \tag{4.3.8}$$

Portanto, o valor estimado do próximo dividendo a ser pago pela empresa é uma função do preço atual da ação, da taxa de juros livre de riscos, do prêmio de risco de mercado e do coeficiente beta (β) da empresa.

Exemplo 4.3.4

As ações da companhia Sigma S.A. são negociadas no mercado ao preço de $ 32,00. A taxa de juros livre de riscos é de 5 % ao ano, o retorno esperado da carteira de mercado é de 12 % ao ano e o coeficiente beta (β) da empresa é de 1,08. Espera-se uma taxa de crescimento nos dividendos futuros da empresa da ordem de 3 % ao ano. Calcule o valor aproximado dos próximos dividendos a serem pagos pela companhia Sigma:

$$Div_{(t+1)} = P_t \times [R_f + \beta(R_m - R_f) - g]$$

$$Div_{(t+1)} = 32 \times [0,05 + 1,08(0,12 - 0,05) - 0,03] = \$\ 3,059$$

Portanto, o valor aproximado do dividendo por ação para o próximo ano é de $ 3,0529.

4.4 Fluxos de caixa disponíveis para os dividendos

A determinação do *payout* é obtida por uma medida conhecida como Fluxo de Caixa Livre para o Acionista (FCLA) ou *Free Cash Flow to Equity*, a qual mensura a capacidade operacional da empresa em gerar caixa para seus acionistas e apurada após subtraídos os investimentos realizados, os pagamentos dos juros e do principal da dívida e somadas as entradas de caixa geradas por novas dívidas contratadas. O FCLA representa o dividendo potencial de uma empresa, ou seja, o montante que uma empresa tem condições de pagar aos seus acionistas na forma de dividendos, sem comprometer os investimentos futuros e os pagamentos aos credores das dívidas corporativas. Segundo Damodaran (2007), o FCLA é calculado a partir do lucro líquido contábil, a medida dos ganhos do acionista no período, convertido em fluxo de caixa, somando-se as despesas de depreciação, amortização e exaustão, as quais não possuem efeito-caixa e subtraindo-se as necessidades de investimentos da empresa e os pagamentos do principal da dívida:

Lucro líquido contábil
(+) Despesas com depreciação, amortização e exaustão
(-) Investimentos de Capital (Capex)
(-) Variação do Capital de Giro
(-) Pagamento de principal da dívida corporativa
(+) Novas dívidas corporativas
(=) Fluxo de Caixa Livre para o Acionista (FCLA)

A necessidade de uma empresa contrair novas dívidas corporativas é dada pela fórmula (4.4.1):

$$Novas\ Dívidas = \frac{P}{P + PL} \ x \ (Capex - Depreciação + Variação\ do\ Cap. Giro)$$

(4.4.1)

Onde P = proporção de passivos ou capital de terceiros na estrutura de capital da empresa; PL = proporção de patrimônio líquido ou capital próprio na estrutura de capital; *Capex* = investimentos de capital realizados pela empresa; *Variação do Capital de Giro* = mudanças no montante de capital de giro da empresa no período e; *Depreciação* = valores lançados como depreciação contábil dos ativos fixos da companhia.

Convém destacar que nem todo o montante do FCLA é realmente distribuído aos acionistas na forma de dividendos. Empresas que distribuem um montante de dividendos inferior ao FCLA estão guardando mais caixa para futuras operações ao passo que as que pagam montantes de dividendos superiores ao FCLA, estão diminuindo seu caixa.

Exemplo 4.4.1

A empresa Gama S.A. apurou em suas últimas demonstrações financeiras, um lucro líquido de $ 40.000.000. As despesas sem efeito-caixa como depreciação e amortização foram de $ 6.000.000. O investimento em CAPEX foi de $ 15.000.000 e o capital de giro cresceu em $ 2.000.000 neste exercício. A companhia pagou no último ano fiscal, $ 7.000.000 em principal de sua dívida, utiliza em sua estrutura de capital, 30 % de capital de terceiros e 70 % de capital próprio e tem 50.000.000 ações emitidas. Calcule o Fluxo de Caixa Livre para o Acionista (FCLA) da companhia:

O primeiro passo será calcular a necessidade da empresa contrair novas dívidas corporativas:

$$Novas\ Dívidas = \frac{0{,}3}{0{,}3 + 0{,}7} \ x\ (\$\ 15.000.000 + \$\ 2.000.000 - \$\ 6.000.000)$$

$$Novas\ Dívidas = \$\ 3.300.000$$

Podemos então calcular o FCLA:

Lucro líquido	$ 40.000.000
(+) Despesas com depreciação e amortização	$ 6.000.000
(-) Investimentos de Capital (Capex)	($ 15.000.000)
(-) Variação do Capital de Giro	($ 2.000.000)
(-) Pagamento de principal da dívida corporativa	($ 7.000.000)
(+) Novas dívidas corporativas	$ 3.300.000
(=) Fluxo de Caixa Livre para o Acionista (FCLA)	$ 25.300.000

Desta forma, a empresa tem condições de pagar até $ 25.300.000 a título de dividendos aos seus acionistas sem comprometer investimentos futuros e pagamentos a credores, o que importa em um *payout* máximo de 63,25 %.

$$Payout\ máximo\ a\ ser\ pago = \frac{FCLA}{Lucro\ Líquido} = \frac{\$\ 25.300.000}{\$\ 40.000.000} = 63{,}25\ \%$$

E o FCLA por ação da empresa, isto é, o dividendo máximo que a empresa deverá pagar é:

$$FCLA\ por\ ação = \frac{FCLA}{Quantidade\ de\ ações} = \frac{\$\ 25.300.000}{50.000.000} = \$\ 0,47$$

Caso pague uma quantia inferior ao FCLA, o *payout* da empresa poderá ser aumentado, de forma a proporcionar uma remuneração melhor aos acionistas.

O FCLA pode ser negativo quando a companhia está realizando grandes investimentos. Verificada esta situação, recomenda-se aos gestores suspenderem os pagamentos de dividendos neste período, sob pena de, se não o fizerem, comprometerem o caixa da empresa ou aumentarem o endividamento. Tão logo os novos investimentos realizados comecem a gerar caixa para a companhia, a política de dividendos poderá ser reestabelecida.

Exemplo 4.4.2

A companhia Delta S.A. declarou em suas últimas demonstrações financeiras, um lucro líquido de $ 32.000.000. As despesas sem efeito-caixa como a depreciação e amortização foram de $ 8.000.000. O investimento em CAPEX no período foi de $ 50.000.000 e o capital de giro cresceu em $ 3.000.000 neste exercício. A companhia pagou no último ano fiscal, a quantia de $ 4.000.000 relativas ao principal desta mesma dívida e a empresa utiliza em sua estrutura de capital, 15 % de capital de terceiros e 85 % de capital próprio. Calcule o Fluxo de Caixa Livre para o Acionista (FCLA) da Delta:

Em primeiro lugar, calculamos a necessidade da empresa em contrair novas dívidas corporativas, dada sua estrutura de capital, os seus investimentos em capex, em capital de giro e a depreciação:

$$Novas\ Dívidas = \frac{0,15}{0,15 + 0,85}\ x\ (\$\ 50.000.000 + \$\ 3.000.000 - \$\ 8.000.000)$$

$$Novas\ Dívidas = \$\ 6.750.000$$

Na sequência, levanta-se o FCLA:

Lucro líquido	$ 32.000.000
(+) Despesas com depreciação e amortização	$ 8.000.000

(-) Investimentos de Capital (Capex)	($ 50.000.000)
(-) Variação do Capital de Giro	($ 3.000.000)
(-) Pagamento de principal da dívida corporativa	($ 4.000.000)
(+) Novas dívidas corporativas	$ 6.750.000
(=) Fluxo de Caixa Livre para o Acionista (FCLA)	($ 10.250.000)

Neste caso, os altos investimentos no ano corrente em Capex, em face do total do lucro líquido apurado, levam a um FCLA negativo e, assim, inviabilizam a distribuição de parte dos lucros aos acionistas na forma de dividendos.

Damodaran (2012) adota uma variante do modelo de Gordon baseada no FCLA por ação e não nos dividendos, para determinar o preço aproximado da ação da empresa hoje. Para o autor, este modelo é apropriado quando a empresa encontra-se em fase de crescimento estável, o que significa que o Capex não é muito maior do que a depreciação dos ativos, isto é, não há a necessidade de grandes investimentos em expansão, apenas reposição de ativos operacionais; o coeficiente beta (β) das ações da empresa é próximo ou inferior a 1,00, o que denota um risco sistêmico menor se comparado à média do mercado; o grau de alavancagem é estável e; a empresa não paga dividendos aos seus acionistas ou estes, quando distribuídos, são muito diferentes do FCLA. Neste sentido, a fórmula (4.4.2) adaptada a partir do modelo de Gordon é:

$$P_t = \frac{FCLA_{(t+1)}}{K_e - g} \quad (4.4.2)$$

$$FCLA_{(t+1)} = FCLA_t \times (1 + g)$$

Onde P_t = preço da ação no tempo t; $FCLA_t$ = último FCLA por ação calculado a partir das demonstrações financeiras da empresa; $FCLA_{(t+1)}$ = próximo FCLA por ação estimado pela empresa; K_e = custo de capital próprio e; g = taxa anual de crescimento dos FCLA. Como a empresa encontra-se em fase de crescimento estável, estima-se g como uma taxa próxima à taxa de crescimento da economia.

Exemplo 4.4.3

A companhia Alfa S.A. publicou em suas últimas demonstrações financeiras, um lucro líquido de $ 62.000.000. As despesas contábeis sem efeito-caixa como depreciação e amortização foram de $ 9.000.000. O investimento em CAPEX foi de $ 10.200.000 e o capital de giro cresceu em $ 3.000.000 neste exercício. A companhia pagou no último ano fiscal, $ 8.000.000 em principal de sua dívida, utiliza em sua estrutura de capital, 20 % de capital de terceiros e 80 % de capital próprio e tem 80.000.000 ações emitidas. A taxa de juros livre de riscos é de 5 % ao ano, o retorno esperado da carteira de mercado é de 12 % ao ano e o coeficiente beta (β) da empresa é de 0,94. Calcule o Fluxo de Caixa Livre para o Acionista (FCLA) da companhia e o preço aproximado da ação da companhia Alfa, pressupondo que os próximos FCLA crescerão a uma taxa anual de 2 %:

O primeiro passo será encontrar o montante das novas dívidas corporativas a serem emitidas:

$$Novas\ Dívidas = \frac{0,20}{0,20 + 0,80} \times (\$\ 10.200.000 + \$\ 3.000.000 - \$\ 9.000.000)$$

$$Novas\ dívidas = \$\ 840.000$$

Em seguida, calcula-se o FCLA:

Lucro líquido	$ 62.000.000
(+) Despesas com depreciação e amortização	$ 9.000.000
(-) Investimentos de Capital (Capex)	($ 10.200.000)
(-) Variação do Capital de Giro	($ 3.000.000)
(-) Pagamento de principal da dívida corporativa	($ 8.000.000)
(+) Novas dívidas corporativas	$ 840.000
(=) Fluxo de Caixa Livre para o Acionista (FCLA)	$ 50.640.000

E o FCLA por ação da empresa Alfa S.A. é de:

$$FCLA\ por\ ação = \frac{FCLA}{Quantidade\ de\ ações} = \frac{\$\ 50.640.000}{80.000.000} = \$\ 0,633$$

A próxima etapa será calcular o custo de capital próprio, K_e:

$$K_e = R_f + \beta\ (R_m - R_f)$$

$$K_e = 0,05 + 0,94\,(0,12 - 0,05) = 11,58\,\%\ ao\ ano$$

Por último, calcula-se o preço atual aproximado da ação, utilizando-se o FCLA por ação e a taxa de crescimento esperada g de 2 % ao ano.

$$P_t = \frac{\$\,0,633\ x\ 1,02}{0,1158 - 0,02} = \$\,6,74$$

4.5 Juros sobre Capital Próprio

No Direito Societário brasileiro existe também a remuneração ao acionista por intermédio do pagamento de Juros sobre Capital Próprio (JCP), criado pela Lei n. 9.249 / 95, que veio para substituir a correção monetária dos balanços das empresas, extinta após o advento do Plano Real (1994). Este tipo de remuneração ao acionista goza de alguns privilégios tributários, pois as empresas conseguem reduzir o lucro real tributável para fins de base de cálculo de imposto de renda e contribuição social sobre o lucro líquido (CSLL). Para efeitos legais, o pagamento de proventos na forma de JCP equipara-se ao dividendo mínimo obrigatório, previsto no estatuto da companhia. Esta forma de remuneração é optativa para a empresa e os acionistas são tributados em uma alíquota de 15 % de imposto de renda retido na fonte.

Para se calcular o valor a ser pago na forma de JCP, aplica-se a taxa de juros de longo prazo[12] (TJLP) sobre o patrimônio líquido da companhia diminuído das Reservas de Reavaliação (RR) e do Ajuste de Avaliação Patrimonial (AAP), como em (4.5.1):

$$JCP = (PL - RR - AAP)\ x\ TJLP \qquad (4.5.1)$$

O valor apurado do JCP tem como limite o maior valor entre:

a) 50 % do lucro líquido do exercício antes de IR/CSLL e do próprio JCP ou;
b) 50 % dos saldos das contas de Lucros Acumulados e Reservas de Lucros de exercícios anteriores.

---

[12] A partir de janeiro de 2018, com a criação da Taxa de Longo Prazo (TLP), a TJLP irá vigorar apenas nos contratos vigentes.

Exemplo 4.5.1

Uma empresa declarou em sua última demonstração financeira um lucro antes do JCP de $ 9.300.000. No exercício anterior, o total de Lucros Acumulados era de $ 14.000.000 e o Patrimônio Líquido da companhia, excluídas as reservas de reavaliação e os ajustes de avaliação patrimonial, é de $ 150.000.000. A TJLP, divulgada pelo Banco Central é de 5,57 % ao ano. Qual o montante máximo que a companhia poderá pagar aos seus acionistas na forma de JCP?

Em primeiro lugar, aplica-se a TJLP ao Patrimônio Líquido diminuído de RR e AAP:

$$\$ 150.000.000 \times 5,57\% = \$ 8.335.000$$

Limitadores:

$$50\% \text{ } do \text{ } lucro \text{ } apurado \text{ } antes \text{ } do \text{ } JCP = \$ 9.300.000 \times 50\% = \$ 4.650.000$$

$$50\% \text{ } da \text{ } conta \text{ } de \text{ } Lucros \text{ } acumulados = \$ 14.000.000 \times 50\% = \$ 7.000.000$$

Portanto, o maior limitador é $ 7.000.000, valor máximo que a empresa poderá pagar aos seus acionistas na forma de JCP, remuneração esta que pode ser equiparada para atender as exigências de dividendos mínimos previstas no estatuto corporativo.

4.6 Recompras de ações

As empresas podem anunciar ao mercado sua intenção em recomprar uma parcela das próprias ações, retirando-as de circulação. Ações adquiridas em programas de recompras permanecem custodiadas na tesouraria da companhia para futuro cancelamento ou até uma posterior revenda ao mercado. As recompras de ações são consideradas como um dividendo indireto proporcionado pela empresa aos seus acionistas remanescentes. O acionista que manteve seu investimento nas ações da empresa e não se desfez dos papéis será agraciado, pois o próximo montante de dividendos a ser declarado será partilhado por uma quantidade menor de ações, o que pode gerar um maior dividendo por ação.

Empresas recompram ações de sua própria emissão por diversas razões. Uma é proporcionar aos acionistas remanescentes um aumento nos próximos dividendos por ação. Outra razão para a decisão de recompra é promover alterações em sua estrutura de capital, reduzindo a proporção de capital próprio em face do capital de terceiros, com o objetivo de diminuir os custos de capital da empresa. Não raro, quando o custo de capital próprio está muito superior ao custo de capital de terceiros, empresas emitem títulos de dívida no mercado e, com parte do montante desta emissão, recompram uma parcela de suas próprias ações.

Uma terceira hipótese a justificar as recompras de ações baseia-se no conteúdo informacional da decisão, extraído da teoria da sinalização. Em virtude de assimetria de informações existente entre os gestores e os investidores de mercado, quando uma empresa comunica a intenção de recomprar parte de seus papéis em circulação, sinaliza que os preços se encontram subavaliados, em um patamar atraente em face ao desempenho futuro esperado da companhia. Assim, recompras das próprias ações pelas empresas tornam-se muito comuns em períodos de queda nos mercados acionários, conhecidos como *bear markets*, onde é comum encontrarmos ações negociadas a múltiplos de mercado muito atrativos, como por exemplo um baixo indicador preço de mercado em relação ao valor patrimonial da ação (P/VPA). Como o preço de uma ação representa o consenso das expectativas de mercado acerca da futura criação de valor da empresa, investidores externos leem a informação contida na intenção da empresa em recomprar suas ações como um sinal emitido pelos gestores de que a queda nas cotações foi acentuada e as ações encontram-se negociadas por preços inferiores ao valor considerado justo. Isto posto, uma decisão de recompra de ações, na maioria das vezes, possui um efeito inverso ao da decisão de emissão de novas ações, qual seja, fazer subir os preços de mercados dos papéis.

As justificativas apontadas para recompras de ações podem ser analisadas em conjunto. Em períodos de *bear markets*, as quedas prolongadas nas cotações das ações levam a um aumento no custo do capital próprio, com os investidores exigindo maiores retornos futuros para comprarem as ações da empresa. Desta forma, se a companhia conta com boa situação financeira e um caixa adequado a suportar a aquisição dos papéis sem comprometer seus compromissos futuros, encontra-se em condições de recomprar um percentual de seus papéis em circulação, sinalizando ao mercado uma subavaliação momentânea dos mesmos, o que, em tese, fará subir as cotações e diminuir o custo de capital próprio no futuro. Com isto, aumentará sua alavancagem, alterando momentaneamente sua estrutura de capital, sempre em busca do menor custo ponderado médio possível em suas fontes de financiamento.

Contudo, segundo Rappaport e Mauboussin (2002), os programas de recompras de ações também podem passar um sinal negativo ao mercado em duas hipóteses. Em primeiro lugar, privilegiar a devolução de dinheiro aos acionistas, via recompra de ações, pode indicar a ausência de investimentos geradores de valor futuro, como a expansão dos ativos operacionais. Em segundo lugar, se o desempenho da empresa está aquém das expectativas do mercado, os executivos podem utilizar de programas de recompras de ações para atingir suas metas de lucro por ação, ou retorno sobre o patrimônio líquido, diminuindo a quantidade de ações da companhia. Rappaport e Mauboussin (2002) mencionam que as empresas somente devem recomprar suas ações quando estas são negociadas abaixo do valor esperado e não há melhores oportunidades de investimento disponíveis para a companhia.

No Brasil, a Comissão de Valores Mobiliários (CVM) exige que as empresas, ao divulgarem seus planos de recompras de ações, informem também ao mercado os objetivos e os efeitos econômicos esperados do programa. Cabe ao Conselho de Administração da companhia só aprovar o plano após avaliar se as condições financeiras da empresa são favoráveis à implementação da medida, em especial, se a recompra de ações não irá prejudicar os pagamentos aos credores, bem como os dividendos obrigatórios, fixos ou mínimos[13].

---

[13] Instruções CVM n. 480 e 567

Figura 4: Evolução da decisão de recompra de ações pela empresa

Períodos de *bear markets* levam à quedas prolongadas na cotação da ação. ⇨ Investidores em *equity* exigem maiores retornos para comprar a ação ⇨ Aumento nos custos de capital próprio da empresa

⇩

Empresa recompra parte de suas ações e Investidores em *equity* voltam a se posicionar no papel ⇦ Mercado lê o plano de recompra como um sinal que a ação está subavaliada ⇦ Empresa anuncia um plano de recompra de ações

⇩

Cotações sobem e reduz-se o custo de capital próprio ⇨ Encerrada a recompra de ações, a empresa aumenta sua alavancagem, com objetivo de reduzir o custo médio de capital ⇨ O lucro por ação aumentará e acionistas remanescentes irão usufruir de um maior dividendo por ação

5. Avaliação de Empresas

Antes de realizar uma negociação, um investimento ou apenas uma recomendação de compra ou venda de um papel, diversas dúvidas e indagações passam pela cabeça dos executivos, investidores e analistas, tais como:

- Recebi uma proposta para vender minha empresa por $ 10 milhões. Este preço representa o valor correto dos ativos da minha empresa?
- No atual patamar de preços, as ações na bolsa de valores estão caras ou baratas?
- Desejo comprar um imóvel para viver com a renda dos aluguéis, mas o atual proprietário está pedindo $ 1 milhão. Este preço está caro ou está barato?
- Quanto vale um título de dívida corporativa que pague cupons anuais de 5 % e tenha um prazo de maturação de dez anos?

A partir destas e de outras dúvidas e questões percebe-se que o preço e o valor de um ativo não são sinônimos e avaliar um ativo, ou seja, determinar seu valor justo, vai muito além do simples preço de mercado deste mesmo bem. Isto posto, não devemos confundir preço e valor. O preço de um bem resulta do encontro de vontades entre um comprador e um vendedor. Quando ambas as partes chegam a um acordo e fecham um negócio, um preço é gerado. O valor de um bem, por sua vez, é um número aproximado, o qual deriva de conceitos objetivos e subjetivos e exprime, em síntese, a capacidade deste bem em gerar riqueza financeira ou satisfação futura ao seu proprietário. A partir destes conceitos subjetivos envolvidos na determinação do valor real ou justo, vemos que alguns bens de família, por exemplo, têm o chamado "valor sentimental", tornando-os mais valiosos (palavra que deriva de valor) para seus proprietários, os quais não os vendem por preço nenhum.

As ações negociadas em bolsas de valores têm preço (e não valor) determinado em pregão, número este resultante da interação das forças compradoras e vendedoras. Os preços sobem e descem ao longo do dia, dependendo da intensidade com que cada lado atua, comprando ou vendendo os papéis. O proprietário de um imóvel, ao colocá-lo à venda, pede um determinado preço, o qual pode ser maior ou menor que o valor justo, a depender da urgência para fechar o negócio. Em mercados menos líquidos, como o mercado imobiliário, é frequente realizar a chamada avaliação relativa, a qual toma como base transações recentes verificadas em imóveis semelhantes nas vizinhanças ou ainda a capacidade objetiva do bem em gerar renda futura.

Encontrar o preço de determinado ativo é tarefa bem menos complexa do que calcular seu valor justo. Como vimos, preços são objetivos e determinados pelo mercado. O cálculo do valor correto do ativo, por sua vez, inclui uma série de variáveis objetivas e subjetivas, as quais dependem de estimativas futuras, tais como expectativas de crescimento nas receitas e nos investimentos corporativos, premissas estas que podem ser otimistas ou pessimistas, a depender de quem está avaliando. Avaliar um ativo, ou seja, determinar o seu valor ou faixa de valor, é um dos principais desafios dos investidores para serem bem-sucedidos em suas estratégias de investimentos. Damodaran (2012) destaca que o postulado básico do bom investimento recomenda ao investidor não pagar mais por um ativo do que seu valor justo, ou seja, não investir se o preço é superior ao valor correto do ativo.

Em mercados com muita liquidez e abundância de informações acerca dos ativos, como os mercados de ações, o preço e o valor de um ativo costumam estar bem próximos. Isto ocorre porque as empresas de capital aberto são obrigadas a divulgar constantemente suas demonstrações contábeis-financeiras e suas perspectivas de desempenho futuras. Esta grande quantidade de dados corporativos de pleno conhecimento público torna o cálculo do verdadeiro valor da empresa mais fácil para o investidor. Contudo, em mercados de menor liquidez e escassez de informações, por sua vez, a busca pelo real valor dos ativos torna-se uma tarefa mais árdua, embora não impossível, devido à limitação de dados financeiros e contábeis.

Quando os preços praticados no mercado se encontram acima do valor correto dizemos que os ativos estão sobrevalorizados. Nesta situação, compradores pagam caro pelos ativos em relação à sua capacidade futura de gerar riqueza. As chamadas "bolhas de mercado" verificam-se quando os ativos são negociados a preços muito acima de seu valor justo. Todavia, em situação oposta, quando os preços negociados em mercado estão abaixo do valor correto estimado, os ativos encontram-se subvalorizados, ou seja, compradores pagarão barato em relação à capacidade futura de geração de riqueza, o que pode se traduzir em uma oportunidade de investimento. Investidores em valor (*Value Investors*), especializam-se nesta última estratégia e perscrutam os mercados em busca de ativos subvalorizados, os quais sejam negociados por preços abaixo de seu valor justo, no intuito de montarem posições de longo prazo, em uma estratégia de investimento conhecida como *buy-and-hold*.

5.1 Desmitificando a avaliação de empresas

Damodaran (2012) enumera alguns mitos e crenças acerca da avaliação dos ativos. Em primeiro lugar, avaliar um ativo não significa encontrar um número único e exato. Em virtude do forte caráter subjetivo presente na avaliação, podemos obter diferentes resultados de valor acerca do mesmo bem. A avaliação está sempre sujeita a vieses por parte do avaliador. Quando uma companhia tem interesse em adquirir outra empresa, ambas as partes, compradora e vendedora, produzirão seus próprios laudos de avaliação acerca dos ativos da empresa-alvo e espera-se que estes dois laudos sejam completamente diferentes entre si. Em polos opostos, os proprietários da empresa que será vendida têm expectativas de conseguir o maior preço possível na venda, enquanto os executivos da empresa-adquirente têm desejo de pagar o menor preço que conseguirem. Neste antagonismo, é justo que o avaliador contratado pelos vendedores tenha expectativas muito positivas a respeito do futuro crescimento da empresa-alvo, e que exprima isto no laudo de avaliação, elevando o valor da empresa. Em situação oposta, o avaliador contratado pelos futuros compradores não produzirá um laudo de avaliação tão otimista, estimando crescimento inferior das receitas operacionais e dos fluxos de caixa futuros, para, assim, diminuir o valor da empresa. Em suma, embora utilizem a mesma metodologia, haverá duas avaliações bem diferentes acerca do mesmo ativo. Qual deverá prevalecer? A capacidade de negociação de ambas as partes estará em jogo, a decidir o valor aproximado considerado justo e o preço final da transação.

A segunda crença a respeito da avaliação diz respeito à precisão dos números contidos no laudo, os quais irão gerar o resultado de valor final da empresa. A verdade, segundo Damodaran (2012), é que não há avaliações precisas, pois os *inputs* podem conter erros de estimativa, dadas as inúmeras incertezas acerca do futuro de uma companhia. Com efeito, um avaliador pode superestimar o crescimento das receitas líquidas futuras e do EBITDA, enquanto outro pode subestimar. Também as variáveis macroeconômicas como taxas de juros livre de riscos, índices de inflação e crescimento da economia estão sujeitas a erros durante o prazo de previsão, os quais irão impactar as estimativas de valor dos ativos. Isto posto, mesmo com a utilização das metodologias corretas de avaliação, investidores e analistas se permitem interpretar os resultados com uma razoável margem de erro.

O terceiro mito acerca da avaliação de uma empresa menciona que modelos de avaliação mais complexos geram resultados melhores, quando comparados a modelos mais simples. Para Damodaran (2007) deve haver uma conexão entre o laudo de avaliação e a história da empresa, ou seja, as premissas adotadas em relação às expectativas devem se encaixar à realidade presente e futura da companhia e quanto maior o grau de complexidade do modelo adotado, maior será a probabilidade de imprecisão e mais difícil será a sua compreensão.

Por fim, a quarta e última crença acerca do *valuation* menciona que o mercado está sempre errado ao estimar o valor de uma empresa. Como há assimetria de informações e o mercado não conhece todas as informações relevantes em relação aos investimentos corporativos futuros, os preços das ações negociadas em pregão não espelham o valor justo da companhia. Todavia, em avaliações de empresas de capital aberto, deve-se considerar o preço médio de mercado das ações como uma boa referência inicial, visto que analistas e investidores têm à sua disposição as demonstrações financeiras da empresa, as quais permitem estimar com razoável precisão o valor justo. Assim, quando o *valuation* da empresa é significativamente diferente do preço médio da ação, que representa o consenso de mercado, investidores costumam ser mais cautelosos.

5.2 Método do Fluxo de Caixa Descontado

Uma das principais metodologias de avaliação de empresas é o Fluxo de Caixa Descontado (FCD), o qual estima o valor justo dos ativos da companhia com base na geração futura de caixa descontada a valor presente por uma taxa que exprima o custo médio de capital da empresa. Assaf Neto (2014) classifica-o como o método que utiliza o maior rigor técnico e conceitual para expressar o valor econômico, pois uma empresa é avaliada pela sua capacidade futura de criar riqueza, descontada ao custo de oportunidade de suas fontes de financiamento.

O método conta com duas etapas. Em primeiro lugar, projetam-se os fluxos de caixa futuros por um período de razoável previsibilidade, em geral dez anos, descontando-os a valor presente. Em sequência, projeta-se o valor da empresa além dos dez anos iniciais, considerando o crescimento dos fluxos de caixa em perpetuidade, o qual também será descontado a valor presente. Somam-se os resultados obtidos nas duas etapas e tem-se o valor da empresa, o qual abrange todos os seus ativos. Por último, para encontrar o valor do patrimônio líquido dos acionistas e o valor justo para a ação, retira-se do valor presente da empresa, o total de seu passivo oneroso, obtendo-se o valor do seu capital próprio.

A vantagem em se calcular o valor da empresa pela metodologia do FCD está apurar o valor intrínseco do negócio e capturar os efeitos de aumentos na capacidade operacional da empresa por intermédio dos investimentos realizados. A principal limitação do FCD está em estimar o comportamento dos fluxos de caixa nos chamados períodos previsível e terminal e descontá-los a uma taxa que exprima o risco e o custo médio de capital da empresa. Variáveis como taxas de juros livres de risco, coeficiente beta (β), nível de alavancagem, crescimento de receitas operacionais e investimentos de capital são voláteis e prever suas trajetórias em um período de dez anos no futuro torna-se um desafio a ser superado pelos avaliadores. As expectativas acerca do comportamento destas variáveis nos dez anos seguintes podem ser muito diferentes entre os avaliadores e analistas que se dedicam a calcular o valor justo da empresa, o que inevitavelmente irá gerar resultados bem diversos nos laudos que utilizam a metodologia. Para as estimativas de crescimento dos fluxos de caixa além do período previsível, costuma-se utilizar a taxa média de crescimento da economia, pois é razoável esperar que, no longo prazo, as receitas da empresa crescerão a uma taxa muito próxima ao comportamento agregado médio de todas as empresas da economia.

5.2.1 Fluxo de Caixa Livre para a Empresa

Os fluxos de caixa que serão descontados a valor presente para se apurar o *valuation* da empresa são os Fluxos de Caixa Livres para a Empresa (FCLE) ou *Free Cash Flow to Firm* (FCFF), na tradução em inglês. O FCLE é o fluxo de caixa a ser apurado após considerados os investimentos de capital da empresa, a variação no capital de giro e reintroduzidos os valores contábeis de depreciação e amortização, os quais não tem efeitos no fluxo de caixa, isto é, não representam uma saída direta de recursos do caixa da companhia. O FCLE também é apurado antes de pagas as parcelas de juros e do principal das dívidas para com os credores e captados novos recursos por intermédio de contratação de novos passivos. Isto posto, o valor da empresa será determinado a partir de seus fluxos de caixa operacionais e de investimentos, uma medida capaz de determinar a geração futura de riqueza da companhia, desconsiderando-se os fluxos de caixa de financiamento. O risco da empresa é incorporado ao modelo pelo coeficiente beta (β), o qual representa o risco sistemático de um ativo. Calcula-se o custo de capital adequado para descontar o FCLE a valor presente pela equação CAPM, encontrando-se o K_e, se a empresa utilizar apenas capital próprio ou pela equação WACC, se as fontes de financiamento forem capital próprio e capital de terceiros. O FCLE também representa todos os recursos da que serão direcionados aos provedores de capital da empresa, credores e acionistas, após realizados todos os investimentos em bens de capital necessários à companhia (CAPEX, sigla em inglês para *capital expenditure*). O valor da empresa, apurado a partir do FCLE, é dado pelas fórmulas (5.2.1) e (5.2.2):

$$\text{Valor da empresa} = \sum_{t=1}^{T} \frac{FCLE_t}{(1+WACC)^t} + \frac{V_T}{(1+WACC)^T} \qquad (5.2.1)$$

$$V_T = \frac{FCLE_{T+1}}{(WACC - g)} \qquad (5.2.2)$$

Em que

$FCLE_t$ = fluxos de caixa livres para a empresa em cada um dos anos do período previsível (em geral, dez);

$WACC$ = custo médio de capital da empresa;

V_T = valor terminal da empresa ou valor em perpetuidade;

$FCLE_{T+1}$ = fluxo de caixa livre para a empresa no primeiro ano após o período previsível (em geral, ano onze) e;

g = taxa de crescimento nos FCLE em perpetuidade, uma taxa próxima ao crescimento da economia.

A presença de V_T, calculado como uma perpetuidade, dividido por $(WACC - g)$ e descontado a valor presente pelo $WACC$ elevado ao último ano previsível, evita o trabalho de calcular inúmeros FCLE (em tese, do ano onze até o infinito), para apurarmos o valor justo da empresa. Quanto mais distante o FCLE encontra-se no futuro, menor será seu peso relativo na determinação do valor da empresa hoje. Por exemplo, o FCLE do ano 20 (já incluído no cálculo de V_T, como todos os demais FCLE além do ano 11) poderá ser muito maior, em termos reais, que o FCLE do ano 1, contudo, seu peso na determinação do valor da empresa hoje é, em relação aos FCLE iniciais, muito menor.

Na tabela 3 temos um exemplo de como calcular o FCLE a partir da receita operacional bruta originada da venda de bens e serviços, os quais representam o *business* da empresa. Observa-se que, no cálculo do FCLE, considera-se primeiro efeito contábil da Depreciação e Amortização como uma redução (sinal negativo) para se apurar o EBIT e assim o valor correto dos impostos, os quais irão incidir sobre o Lucro Operacional. Muito embora Depreciação e Amortização não representem saída de caixa, reduzem a base de lucro da empresa para efeitos tributários. Os tributos devem ser corretamente apurados após este efeito redutor, pois representam uma saída de caixa. Na sequência, calculado o Lucro Operacional após os Impostos (NOPAT, *net operating profit after taxes*, na sigla em inglês), somam-se novamente os valores de Depreciação e Amortização (sinal positivo), subtraem-se os investimentos em *capex* e a variação no capital de giro, para se encontrar os futuros FCLE, os quais serão estimados por um período previsível, em geral dez anos, e por um período além de dez anos, pelo cálculo de uma perpetuidade e descontados ao custo de capital da empresa.

Tabela 3: Cálculo do FCLE a partir da Receita Operacional Bruta

Receita operacional bruta
(-) Impostos que incidem sobre as vendas de bens e serviços
Receita operacional líquida
(-) Custo dos produtos vendidos
Resultado operacional bruto
(-) Despesas operacionais, administrativas e com vendas
EBITDA
(-) Depreciação e Amortização
EBIT
(-) Impostos sobre o lucro operacional
Lucro operacional após os impostos (NOPAT)
(+) Depreciação e Amortização
(-) Investimentos em CAPEX no período
(-) Variação no capital de giro no período
FCLE – Fluxo de Caixa Livre para a Empresa

Para estimarmos corretamente os futuros FCLE, devemos partir de uma análise apurada acerca do comportamento futuro das receitas operacionais da companhia. Considera-se uma taxa de crescimento anual compatível com o histórico da empresa. As receitas operacionais de uma *start-up*, por exemplo, crescem a altas taxas em seus primeiros anos, ao passo que as receitas operacionais de empresas maduras crescem a taxas muito próximas ao crescimento da economia. A presença futura de eventuais concorrentes da empresa avaliada também deve ser considerada na análise das receitas operacionais pois, em mercados muito competitivos, as empresas não conseguem obter crescimentos extraordinários de receita.

A taxa de crescimento anual no FCLE (*g*) pode ser estimada, nos dez anos do período previsível, a partir do reinvestimento da empresa multiplicado pelo Retorno sobre o Capital Investido (ROC) conforme as fórmulas (5.2.3), (5.2.4) e (5.2.5). Isto posto, o investimento em ativos de capital que deem retorno em relação ao capital investido é essencial para o crescimento futuro da companhia. Como destacamos no capítulo 1, o investimento deve ser constante nas empresas, aquelas que não investem não crescerão e desaparecerão do mercado.

$$Taxa\ de\ reinvestimento = \frac{Capex - Depreciação + Variação\ Cap.Giro}{NOPAT} \quad (5.2.3)$$

$$ROC = \frac{NOPAT}{Debt + Equity} \quad (5.2.4)$$

$$Taxa\ de\ crescimento\ no\ FCLE\ (g) = Taxa\ de\ reinvestimento \times ROC$$

$$g = \frac{Capex - Depreciação + Variação\ Cap.Giro}{NOPAT} \times \frac{NOPAT}{Debt + Equity}$$

$$g = \frac{Capex - Depreciação + Variação\ Cap.Giro}{Debt + Equity} \quad (5.2.5)$$

Na análise da fórmula (5.2.5) conclui-se que, caso a depreciação dos ativos seja superior, em determinado período, à soma do *Capex* e da variação do Capital de Giro, a taxa de crescimento *g* será negativa, isto é, o FCLE irá diminuir para o próximo período.

Para o cálculo do valor terminal da empresa ou valor em perpetuidade, pressupomos que o FCLE, a partir do ano onze, crescerá anualmente a uma taxa muito similar ao crescimento da economia como um todo. Utiliza-se o FCLE do ano 11, descontado ao WACC menos a taxa g esperada em perpetuidade, como na equação (5.2.6):

$$Valor\ terminal\ da\ empresa = \frac{FCLE_{11}}{WACC - g_{perpetuidade}} \quad (5.2.6)$$

$$FCLE_{11} = FCLE_{10} \times \left(1 + g_{perpetuidade}\right) \quad (5.2.7)$$

5.2.2 Fluxo de Caixa Livre para o Acionista

Encontrado o FCLE que irá dimensionar o valor da empresa, o passo seguinte será encontrar o Fluxo de Caixa Livre para o Acionista (FCLA) ou *Free Cash Flow to Equity* (FCFE), na tradução em inglês, o qual pode ser definido como o valor residual direcionado ao acionista após pagos todos os compromissos da empresa com os seus credores. O FCLA é também uma medida adequada para estimar os dividendos potenciais a serem pagos aos acionistas da empresa e o valor do patrimônio líquido, como vimos no capítulo 4.4, onde calculamos o FCLA a partir do lucro contábil. O FCLA é obtido subtraindo-se do FCLE as parcelas de juros e do principal originadas no capital de terceiros e somando-se as novas dívidas contraídas pela empresa em função de seus investimentos de capital. Na tabela 4 temos um exemplo de como calcular o FCLA a partir do FCLE:

Tabela 4: Cálculo do FCLA a partir do FCLE

FCLE - Fluxo de Caixa Livre para a Empresa
(-) Pagamentos de juros periódicos do passivo
(+) Economia de IR/CSLL sobre pagamento de juros
(-) Pagamento de principal do passivo
(+) Novos passivos contraídos no período
FCLA – Fluxo de Caixa para o Acionista

A necessidade da empresa contrair novos passivos é determinada pela proporção dos passivos na estrutura de capital multiplicada pelos seus investimentos de capital líquidos de depreciação e amortização e somados à variação do capital de giro no período, expressa pela fórmula (4.4.1):

Exemplo 5.2.1

A companhia Kappa S.A. publicou seu balanço patrimonial e o demonstrativo de resultado do exercício (DRE), relativos aos dois últimos exercícios. As ações da companhia possuem um coeficiente beta (β) de 1,21, a taxa de juros livre de riscos é de 5 % ao ano e o retorno esperado da carteira de mercado é de 12 % ao ano. O custo de seu capital de terceiros antes dos benefícios tributários (K_d) é de 9,09 % ao ano. Calcule o valor justo da empresa, o valor de seu patrimônio líquido e o valor individual da ação, considerando que a companhia tem 10.000.000 ações emitidas:

Balanço Patrimonial ($ mil)					
ATIVO	31.12.2018	31.12.2019	**PASSIVO**	31.12.2018	31.12.2019
Ativo Circulante	20.000	25.700	**Passivo Circulante**	13.000	14.700
Caixa e equivalentes	6.000	8.000	Fornecedores	8.000	8.700
Contas a receber de clientes	10.000	12.500	Impostos a pagar	2.000	2.600
Estoques	4.000	5.200	Salários	3.000	3.400
Ativo Não-circulante	119.000	124.000	**Passivo Não-circulante**	32.000	33.000
Imobilizado	165.000	176.000	Empréstimos de Longo Prazo	32.000	33.000
Depreciação acumulada	(46.000)	(52.000)	**Patrimônio Líquido**	94.000	102.000
Total	139.000	149.700	**Total**	139.000	149.700

Demonstrativo do Resultado do Exercício – DRE ($ mil)	
Receita operacional bruta	142.000
(-) Impostos que incidem sobre as vendas de bens e serviços	(30.000)

Receita operacional líquida	112.000
(-) Custo dos produtos vendidos	(46.500)
Resultado operacional bruto	65.500
(-) Despesas operacionais, administrativas e com vendas	(18.000)
(-) Despesas com depreciação	(6.000)
(-) Despesas financeiras	(3.000)
Lucro antes de IR/CSLL	38.500
(-) IR/CSLL (34%)	(13.090)
Lucro Líquido	**25.410**

A partir dos números publicados no balanço patrimonial e no DRE podemos calcular o FCLE e FCLA do exercício de 2019:

Receita operacional bruta	142.000	
(-) Impostos sobre as vendas de bens e serviços	(30.000)	
Receita operacional líquida	112.000	
(-) Custo dos produtos vendidos	(46.500)	
Resultado operacional bruto	65.500	
(-) Despesas operacionais, adm. e com vendas	(18.000)	
EBITDA	47.500	
(-) Depreciação e Amortização	(6.000)	Depreciação acumulada (2019 – 2018)
EBIT	41.500	
(-) Impostos sobre o lucro operacional (34 %)	(14.110)	$EBIT \times 0,34$
Lucro operacional após os impostos (NOPAT)	27.390	$EBIT \times (1 - 0,34)$
(+) Depreciação e Amortização	6.000	
(-) Investimentos em CAPEX no período	(11.000)	(Imobilizado 2019 – Imobilizado 2018)

(-) Variação no capital de giro no período	(4.000)	(Ativo Circulante – Passivo Circulante 2019) – (Ativo Circulante – Passivo Circulante 2018)
FCLE – Fluxo de Caixa Livre para a Empresa	**18.390**	
(-) Pagamentos de Juros do Passivo	(3.000)	Origem: DRE
(+) Economia tributária sobre pagamento de juros (34%)	1.020	*Pagamento de Juros x 0,34*
(+) Novas dívidas contratadas	2.200	$\frac{P}{P+PL}$ x (Capex – Depr + VCG)
(-) Pagamento de principal do passivo	(1.200)	Empréstimo LP 31.12.2018 + Novas dívidas 2019 - Empréstimo LP 31.12.2019
FCLA – Fluxo de caixa Livre para o Acionista	**17.410**	

Calculamos também os dividendos pagos pela empresa aos seus acionistas no ano de 2019 com a equação (5.2.8):

$$Dividendos\ 2019 = Lucro\ Líquido\ 2019 - Variação\ no\ PL \qquad (5.2.8)$$

$$Dividendos\ 2019 = \$\ 25.410 - (\$\ 102.000 - \$\ 94.000) = \$\ 17.410$$

Observa-se assim que a empresa reteve na conta de lucros acumulados, a quantia de $ 8.000, a qual foi incorporada ao patrimônio líquido da Kappa S.A., no balanço encerrado em 31.12.2019, pagando aos seus acionistas exatamente o seu dividendo potencial, apurado pelo FCLA ($ 17.410). A próxima etapa será estimar a taxa de crescimento no FCLE (*g*) nos próximos dez anos:

$$g = \frac{Capex - Depreciação + Variação\ Cap.\ Giro}{Debt + Equity}$$

$$g = \frac{\$\ 11.000 - \$\ 6.000 + \$\ 4.000}{\$\ 33.000 + \$\ 102.000} = 6,66\ \%\ ao\ ano$$

A seguir, calculamos o custo de capital próprio e o custo médio de capital da empresa:

$$K_e = R_f + \beta(R_m - R_f) = 0{,}05 + 1{,}21\,(0{,}12 - 0{,}05) = 13{,}47\%\ a.a.$$

$$WACC = \frac{E}{E+D} \times K_e + \frac{D}{E+D} \times K_d \times (1 - IR)$$

$$WACC = 0{,}7555 \times 0{,}1347 + 0{,}2445 \times 0{,}0909 \times (1 - 0{,}34) = 11{,}64\%\ a.a.$$

Na sequência, projetamos os FCLE, a valores nominais futuros para os próximos dez anos, com a taxa de crescimento esperada de 6,66 % a.a. Assim, $FCLE_1 = FCLE_0 \times (1 + g)$ e assim até o ano 10:

Valores futuros estimados de FCLE com g de 6,66 % a.a. ($ mil)									
Ano 1	Ano 2	Ano 3	Ano 4	Ano 5	Ano 6	Ano 7	Ano 8	Ano 9	Ano 10
19.615	20.909	22.289	23.760	25.329	27.000	28.782	30.682	32.707	34.865

Calculando o valor presente da soma dos dez FCLE descontados ao custo de capital da empresa temos:

$$VP\ dos\ FCLE\ no\ período\ de\ 10\ anos = \sum_{n=1}^{10} \frac{FCLE_n}{1{,}1164^n} = \$\,143.978.594$$

A próxima etapa será calcular o valor terminal da empresa ou seu valor em perpetuidade. Para tanto, vamos utilizar o FCLE do ano 11. Em perpetuidade, pressupomos que o FCLE crescerá anualmente a uma taxa muito similar ao crescimento da economia como um todo. Estimamos então que, a partir do ano 11, o crescimento do FCLE será da ordem de 3% ao ano e calculamos o valor terminal da empresa:

$$Valor\ terminal = \frac{FCLE_{11}}{WACC - g_{perpetuidade}}$$

$$FCLE_{11} = FCLE_{10} \times (1 + g_{perpetuidade})$$

$$Valor\ terminal = \frac{\$\,34.865.680 \times (1{,}03)}{0{,}1164 - 0{,}03} = \$\,415.644.112$$

Este valor obtido abrange a soma de todos os FCLE da empresa, do ano 11 até o infinito. Destaque-se que este resultado de valor terminal está ainda em valor futuro, será necessário trazê-lo a valor presente, descontando-o a (1 + WACC) elevado ao último ano do período previsível, ou seja, o ano 10. Então, o valor presente dos FCLE em período de perpetuidade da empresa Kappa será:

$$VP\ FCLE\ em\ período\ de\ perpetuidade = \frac{\$\ 415.644.112}{1,1164^{10}} = \$\ 138.204.872$$

Na próxima etapa, para obtermos o valor atual da empresa, o qual irá englobar o valor de todos os seus ativos, isto é, o valor atual de todo o capital investido na companhia (capital próprio + capital de terceiros) somam-se os valores presentes dos dois períodos:

$$Valor\ da\ empresa = VP\ FCLE_{10\ anos} + VP\ FCLE_{perpetuidade}$$

$$Valor\ da\ empresa = \$\ 143.978.594 + \$\ 138.204.872 = \$\ 282.183.466$$

O valor do patrimônio líquido dos acionistas é calculado subtraindo-se do valor da empresa, os seus empréstimos e dívidas originados em capital de terceiros, os chamados passivos onerosos:

$$Valor\ do\ PL = Valor\ da\ empresa - Passivos\ onerosos$$

$$Valor\ do\ PL = \$\ 282.183.466 - \$\ 33.000.000 = \$\ 249.183.466$$

Do qual extraímos o valor aproximado da ação da Kappa S.A.:

$$Valor\ da\ ação = \frac{Valor\ do\ PL}{Quantidade\ de\ ações\ emitidas}$$

$$Valor\ da\ ação = \frac{\$\ 249.183.466}{10.000.000} = \$\ 24,92$$

Portanto, pelo método do FCD, o valor da empresa apurado em função das expectativas de crescimento futuras de seu FCLE, decorrentes de sua política de investimentos em ativos operacionais e descontados ao seu custo médio de capital é de aproximadamente $ 282.183.466 . Este resultado é uma referência de valor justo atual para a empresa Kappa S.A. Caso as expectativas futuras se alterem, como por exemplo, menores taxas de crescimento futuras ou maior custo médio de capital, uma nova avaliação deverá ser realizada para se readequar o valor justo às novas expectativas.

Destacamos que a busca pelo valor justo da empresa está sujeita a vieses por parte de quem avalia. Isto se justifica, pois se está lidando com variáveis muito sensíveis às expectativas futuras. Embora utilizando a mesma metodologia do FCD, se as expectativas acerca do comportamento futuro de uma variável não são um consenso entre os avaliadores, os resultados do *valuation* da companhia serão diversos.

Continuando neste exemplo da empresa Kappa S.A., vamos supor que um outro avaliador, dedicado a também encontrar o valor justo para a companhia, discorde quanto às expectativas de crescimento futuras no FCLE, pois acredita que os executivos da empresa, em virtude de possíveis cenários macroeconômicos adversos, não irão aumentar tanto os investimentos em *Capex* pelos próximos dez anos, o que irá gerar um crescimento futuro no FCLE deste período, de apenas 5 % ao ano, e não 6,66 % como na hipótese anterior. Nas demais variáveis como o custo médio de capital de 11,64 % e *g* em perpetuidade, de 3 % ao ano, há consenso entre os avaliadores, portanto, permanecem inalteradas. Desta forma, com uma expectativa de desempenho futuro para os FCLE mais pessimista, o valor justo da empresa hoje irá se alterar. Projetamos assim, os novos FCLE, a valores nominais futuros para os próximos dez anos, com a taxa de crescimento esperada *g* de 5 % a.a. Isto posto, com $FCLE_1 = FCLE_0 \times (1 + g)$ e assim até o ano 10 temos:

Valores futuros estimados de FCLE com *g* de 5 % a.a. ($ mil)									
Ano 1	Ano 2	Ano 3	Ano 4	Ano 5	Ano 6	Ano 7	Ano 8	Ano 9	Ano 10
19.310	20.275	21.289	22.353	23.471	24.644	25.877	27.170	28.529	29.955

Calculando o valor presente da soma dos dez FCLE descontados ao custo de capital da empresa de 11,64 % ao ano temos:

$$VP\ dos\ FCLE\ no\ período\ de\ 10\ anos = \sum_{n=1}^{10} \frac{FCLE_n}{1{,}1164^n} = \$\ 133.299.520$$

O próximo passo será calcular o valor terminal da empresa, a taxa de crescimento g em perpetuidade não se altera em relação à hipótese anterior, 3 % ao ano:

$$Valor\ terminal = \frac{\$\ 29.955.372\ x\ (1,03)}{0,1164\ -\ 0,03} = \$\ 357.106.867$$

Como este resultado encontra-se ainda em valor futuro, será necessário trazê-lo a valor presente, descontando-o a (1 + WACC) elevado ao último ano do período previsível, ou seja, o ano 10. Então, com a taxa de crescimento g de 5 % ao ano para o FCLE, no período de dez anos, o valor presente dos FCLE da empresa Kappa em período de perpetuidade será:

$$VP\ FCLE\ em\ período\ de\ perpetuidade = \frac{\$\ 357.106.867}{1,1164^{10}} = \$\ 118.740.787$$

Isto posto, para obtermos o valor atual da empresa, o qual irá englobar o valor de todos os seus ativos, com uma taxa de crescimento g de 5 % ao ano nos próximos dez anos, somamos os valores presentes dos dois períodos:

$$Valor\ da\ empresa = VP\ FCLE_{10\ anos} + VP\ FCLE_{perpetuidade}$$

$$Valor\ da\ empresa = \$\ 133.299.520\ +\ \$\ 118.740.787\ =\ \$\ 252.040.307$$

E o valor do patrimônio líquido dos acionistas e da ação da Kappa S.A. são:

$$Valor\ do\ PL = \$\ 252.040.307 - \$\ 33.000.000 = \$\ 219.040.357$$

$$Valor\ da\ ação = \frac{\$\ 219.040.357}{10.000.000} = \$\ 21,90$$

Temos que 1,66 % de variação a menos na taxa g, que representa o crescimento esperado para os FCLE para os próximos dez anos, decorrentes de expectativas não tão positivas por parte dos analistas, fará o valor justo da empresa hoje ser aproximadamente 10,6 % menor.

Taxa de crescimento g para o FCLE nos 10 anos do período previsível	Valor da Empresa	Valor do Patrimônio Líquido	Valor da ação
6,66% ao ano	$ 282.183.466	$ 249.183.466	$ 24,91
5 % ao ano	$ 252.040.307	$219.040.357	$ 21,90
−1,66 % ao ano	− 10,68 %	− 12,09 %	− 12,05 %

Na prática, as expectativas acerca de todas as variáveis que compõem o modelo podem se alterar. Um maior custo médio de capital, por exemplo, irá reduzir o valor da empresa e vice-versa, caso as demais variáveis permaneçam constantes. Uma diminuição nas alíquotas tributárias que incidem sobre o lucro irá elevar o NOPAT e, em todas as demais variáveis mantendo-se inalteradas, elevar-se-á o valor atual da empresa. Para contornar estas incertezas acerca do comportamento futuro das variáveis do modelo, os avaliadores e analistas de mercado, ao calcularem o valor justo para a empresa e para a ação, realizam análises individuais de cenários e conjunturas, utilizando as variáveis em um cenário neutro, otimista e pessimista. Desta forma, verificam a probabilidade de ocorrência futura de cada um dos cenários traçados, com o objetivo de aumentar a precisão numérica e a confiabilidade de seu resultado.

5.3 Método dos Dividendos Descontados

O segundo método de *valuation* de uma empresa baseia-se nos fluxos de caixa direcionados aos acionistas, conhecido como Modelo dos Dividendos Descontados (MDD). O valor justo de uma ação, a menor fração do capital social de uma empresa, é o valor presente de todos os futuros fluxos de caixa que o papel proporcionará aos seus proprietários. Avalia-se então a empresa sob a ótica dos seus acionistas, titulares do capital próprio, cuja rentabilidade mínima esperada é determinada pelo K_e, calculado pela equação CAPM. Como uma ação é um ativo sem prazo de vencimento definido, deve ser avaliada na forma de uma perpetuidade, considerando-se assim, todos seus futuros fluxos de caixa. Na hipótese destes fluxos de caixa manterem-se estáveis no tempo, a avaliação será pela equação da perpetuidade constante, sem crescimento (5.3.1). Todavia, pressupondo que estes fluxos de caixa direcionados aos acionistas irão crescer a uma taxa *g*, utilizamos o modelo de Gordon com taxa de crescimento constante (5.3.2)

$$Perpetuidade\ constante:\ P_0 = \frac{DIV}{K_e} \quad (5.3.1)$$

$$Modelo\ de\ Gordon\ com\ taxa\ de\ crescimento\ g:\ P_0 = \frac{DIV_0\ (1+g)}{K_e - g} \quad (5.3.2)$$

Como vimos no Capítulo 4, em empresas com políticas de dividendos estáveis, a taxa de crescimento futuro *g* é uma função do *payout* e do ROE da empresa. Isto posto, todos os aumentos no lucro líquido serão repassados aos acionistas na forma de dividendos maiores.

A metodologia, contudo, apresenta algumas desvantagens, segundo Damodaran (2012). A taxa *g* é muito difícil de ser determinada em empresas sem uma política estável de distribuição de dividendos. Avaliar estas empresas por MDD, pode ser uma tarefa mais árdua e o resultado, impreciso. A metodologia não oferece também um bom resultado ao ser empregada para avaliar empresas em dificuldades financeiras, em situações onde reportem prejuízos constantes, em virtude da ausência no pagamento de dividendos aos acionistas.

O MDD também não deve ser aplicado às empresas que porventura tenham taxas de crescimento de dividendos *g* muito próximas ou até superiores ao custo de capital próprio K_e. Em situações excepcionais, pode acontecer que, em determinado ano, os lucros da companhia sejam muito superiores e gerem um dividendo extraordinário, com uma taxa *g* em relação ao ano anterior muito superior à média, o qual dificilmente irá se manter nos anos seguintes. Nestes casos, se aplicássemos no modelo de Gordon, a taxa *g* daquele ano específico, considerando o crescimento excepcional gerado pelos dividendos extraordinários, o valor encontrado para a ação poderia ser muitas vezes superior à realidade de longo prazo da empresa.

Para chegarmos ao valor justo da ação por MDD utiliza-se o montante de proventos efetivamente pagos aos acionistas, o que incluem os dividendos e os juros sobre capital próprio pagos no período ou o FCLA por ação, como proposto por Damodaran (2012), o qual representa, por ser o valor residual encontrado após os pagamentos dos credores, um dividendo potencial, que poderá ser distribuído em algum momento aos titulares do capital próprio. Emprega-se a primeira alternativa, valor dos dividendos e JCP por ação, quando a empresa possui uma política de dividendos estável, prevista inclusive em seu estatuto social. A segunda alternativa, o montante do FCLA por ação, é utilizada quando não há uma política estável de dividendos ou quando a companhia suspenda temporariamente os pagamentos dividendos, como nos períodos de grandes investimentos em ativos corporativos, financiados com recursos próprios.

Exemplo 5.3.1

Retomando as demonstrações da empresa Kappa S.A. presentes no exemplo 5.2.1, vamos calcular o valor justo da ação e o valor justo da empresa por MDD, utilizando as duas alternativas, dividendos pagos por ação e FCLA por ação:

O valor dos dividendos por ação foi calculado a partir do lucro líquido declarado no DRE menos a variação do patrimônio líquido em 31.12.2019 em relação ao ano anterior: Assim, temos:

$$Dividendos\ 2019 = Lucro\ Líquido\ 2019 - Variação\ no\ PL$$

$$Dividendos\ 2019\ (\$\ mil) = \$\ 25.410 - (\$\ 102.000 - \$\ 94.000) = \$\ 17.410$$

$$Dividendos\ por\ ação\ 2019 = \frac{\$\ 17.410.000}{10.000.000} = \$\ 1,741$$

Calculamos a taxa de crescimento nos dividendos com base no ROE apresentado pela companhia:

$$ROE = \frac{Lucro\ Líquido}{Patrimônio\ Líquido} = \frac{\$\ 25.410.000}{\$\ 102.000.000} = 24,91\ \%$$

$$g = ROE\ x\ (1 - payout) = 0,2491\ x\ 0,315 = 7,846\ \%$$

Temos que o lucro líquido para o próximo exercício será aproximadamente:

$$Lucro\ Liquido\ 2020 = Lucro\ Líquido\ 2019 + (lucros\ retidos\ 2019\ x\ ROE)$$

$$Lucro\ Líquido\ 2020\ (\$\ mil) = \$\ 25.410 + (\$\ 8.000\ x\ 0{,}2491) = \$\ 27.402$$

Supondo que a política de dividendos da Kappa S.A. é estável e o *payout* médio de 68,5 % será constante, temos o dividendo para o próximo ano:

$$Dividendo\ 2020 = \$\ 27.402.000\ x\ 0{,}685 = \$\ 18.770.370$$

$$Dividendo\ 2020\ por\ ação = \$\ 1{,}877$$

Com a taxa de crescimento nos dividendos (g) de 7,846 % ao ano e o K_e de 13,47 % a.a., chegamos ao valor aproximado da ação e do patrimônio líquido da companhia:

$$P_0 = \frac{DIV_0\ (1+g)}{K_e - g} = \frac{1{,}877}{0{,}1347 - 0{,}0784} = \$\ 33{,}34$$

$$Valor\ do\ PL = \$\ 33{,}34\ x\ 10.000.000\ ações = \$\ 333.400.000$$

A partir do PL, apura-se o valor da empresa somando os seus passivos onerosos:

$$Valor\ da\ empresa = \$\ 333.400.000 + \$\ 33.000.000 = \$\ 366.400.000$$

5.3.1 Valor do crescimento futuro nos dividendos

A partir das equações (5.3.1) e (5.3.2) é possível precificar as expectativas de crescimento futuro nos dividendos esperados da companhia. Como vimos, a taxa de crescimento *g* é uma função do *payout* e do ROE. Isto posto, uma parcela do valor justo da ação corresponde às expectativas futuras de crescimento nos dividendos. Caso a empresa não retenha parte dos lucros, isto é, distribua todo o seu lucro líquido aos acionistas na forma de dividendos (*payout* = 1), pressupõe-se que não haverá reinvestimento dos lucros e *g* será igual a 0. Então, sem crescimento nos lucros e nos dividendos, calcula-se o preço atual da ação pela fórmula:

$$P_0 = \frac{DIV}{K_e}$$

Contudo, caso haja retenção de parte dos lucros (*payout* < 1), pressupõe-se que haverá reinvestimento de lucros retidos e crescimento nos lucros e nos dividendos para os próximos exercícios e o preço atual da ação é dado pela fórmula do modelo de Gordon:

$$P_0 = \frac{DIV_0\,(1+g)}{K_e - g}$$

Exemplo 5.3.2

Com os dados extraídos da empresa Kappa S.A. vamos calcular o preço da oportunidade de crescimento futura dos dividendos. Consoante exemplo 5.3.1, a companhia paga um *payout* médio de 68,51 % com um ROE de 24,91%, sua taxa *g* calculada para futuros dividendos é de 7,846 % ao ano com um K_e de 13,47 % e o preço de sua ação é de $ 33,34. Para calcularmos a parcela do preço da ação correspondente a *g*, consideramos que a empresa não irá reter lucros, isto é, terá um *payout* de 100 %, o que pressupõe que os próximos lucros e dividendos permanecerão estáveis, pois não haverá reinvestimento e, portanto, *g* será igual a 0. Assim, se a Kappa S.A. distribuísse todo o seu lucro na forma de dividendos, o preço de sua ação seria:

$$P_0 = \frac{DIV}{K_e} = \frac{\$\,2{,}541}{0{,}1347} = \$\,18{,}86$$

Calculado também o valor da ação sem a taxa de crescimento nos dividendos, temos que a diferença de valores corresponde à parcela relativa ao Valor do Crescimento Futuro dos Dividendos (VCFD):

$VCFD = Valor\ da\ ação\ com\ payout\ normal - valor\ da\ ação\ com\ payout\ de\ 100\%$

$VCFD = \$\,33{,}34 - \$\,18{,}86 = \$\,14{,}48$

Desta forma, do preço de $ 33,34 calculado para a ação da Kappa S.A por MDD, $ 14,48 correspondem às expectativas de crescimento futuro nos dividendos da empresa. O valor justo da companhia aumenta à medida em que aumentam as expectativas futuras de crescimento nos lucros e dividendos, representadas pela taxa de crescimento *g*. Conclui-se, neste exemplo, que o mercado valoriza mais o crescimento futuro nos lucros e dividendos da Kappa S.A. do que o pagamento do dividendo em si. Caso o ROE seja muito superior ao K_e faz sentido a empresa distribuir apenas o mínimo legal em dividendos e reinvestir o restante, aumentando sua taxa g e o valor justo da ação. Todavia, se o ROE for inferior ao K_e, a taxa g será menor, o que levará à uma queda no valor justo da ação e na parcela do valor relativa ao VCFD, tornando-se preferível para a empresa, reinvestir menos e pagar dividendos maiores aos seus acionistas.

	Taxa g	Payout	Resultados
$ROE > K_e$	sobe	menores	Quanto mais a empresa reinvestir, maior será o valor justo da ação. Os gestores devem privilegiar o reinvestimento dos lucros e pagar dividendos menores aos acionistas.
$ROE < K_e$	desce	maiores	Quanto mais a empresa reinvestir, menor será o valor justo da ação. Os gestores devem privilegiar a distribuição maior de lucros aos acionistas para fazer subir o valor justo da ação.
$ROE = K_e$	estável	estável	Os acionistas estarão indiferentes quanto às taxas de reinvestimento e distribuição de dividendos

No exemplo vimos que o ROE da Kappa S.A. é de 24,91 % ao ano, bem superior ao seu K_e de 13,47 %. Portanto, a estratégia a ser adotada pelos gestores da empresa para maximizar o valor da ação será pagar apenas o mínimo obrigatório em dividendos aos acionistas, ou seja, diminuir o *payout* para aumentar a taxa g e assim, o valor justo da ação. Na tabela a seguir, simulamos o valor justo da ação da Kappa S.A. com diferentes *payouts*, mantendo constante o ROE de 24,91 %

ROE da empresa Kappa S.A. = 24,91 % a.a.			
Payout	Taxa g	Dividendo por ação	Valor justo da ação
80 %	4,98 %	$ 1,827	$ 21,52
70 %	7,47 %	$ 1,871	$ 31,18

68,5 %	7,84 %	$ 1,877	$ 33,34
60 %	9,96 %	$ 1,914	$ 54,53
50 %	12,45 %	$ 1,957	$ 191,86

Nesta tabela, percebe-se que, quanto maior o *payout*, ou seja, quanto menor for o reinvestimento dos lucros, menor será o dividendo e o valor da ação da Kappa S.A. e quanto menor o *payout*, maior será o dividendo pago e maior será o valor da ação. Assim, se os gestores da companhia, em virtude de seu ROE superior ao K_e, privilegiarem a distribuição de lucros e não o reinvestimento, não maximizarão a riqueza dos acionistas. Todavia, se adotarem uma política de redução de *payout* e maior retenção de lucros, os acionistas serão beneficiados com a maximização do valor de suas ações.

5.3.2 Dividendos Descontados e Fluxo de Caixa Descontado: uma comparação

Nos exemplos anteriores (5.2.1) e (5.3.1), utilizando ambas metodologias, FCD e MDD, apuramos cinco valores diferentes para a empresa e seu patrimônio líquido. Vamos compará-los:

Método de Valuation	Pressuposto principal para o Valuation	Valor da empresa ($ mil)	Valor do patrimônio líquido ($ mil)	Valor da ação ($)
FCD	Crescimento de 6,66 % no FCLE	282.183	249.183	24,91
FCD	Crescimento de 5 % no FCLE	252.040	219.040	21,90
MDD	Crescimento de 7,84 % nos dividendos, mantidos o ROE e o *payout*	366.400	333.400	33,34

Esta amplitude de resultados deriva de *inputs* diferentes aplicados em ambos os métodos. O FCD captura melhor os efeitos das principais variáveis no longo prazo, pois conjuga um período previsível de dez anos com um período complementar de perpetuidade.

Desta forma, mesmo expectativas de alterações no custo médio de capital da empresa, nos investimentos futuros, nas estimativas de taxas de crescimento ao longo dos anos e nas variáveis macroeconômicas, podem ser incorporadas ao modelo. O MDD, por sua vez, preocupa-se mais em responder qual o valor justo para o patrimônio líquido da companhia no curto prazo, em face dos fluxos de caixa direcionados aos acionistas. Apesar de ser calculado como uma perpetuidade e considerar uma taxa de crescimento g estável no tempo, é um modelo de período único, o qual não consegue capturar possíveis mudanças temporais nas expectativas das variáveis utilizadas, tais como alterações no custo de capital próprio e na política de dividendos da empresa. No FCD é possível usar diferentes taxas g para cada ano do período previsível e para o período de perpetuidade, enquanto no MDD pressupõe-se que a taxa g será estável no tempo.

Tanto FCD como MDD são sensíveis às estimativas futuras da taxa de crescimento g. Uma variação negativa de apenas 1,66 % nas estimativas da taxa de crescimento para o FCLE representa quase 10 % de valor presente a menos na empresa. No FCD, a taxa g é sensível às decisões de investimentos da empresa e sua correta estimação para uma janela de dez anos futuros é dependente também da análise de cenários macroeconômicos e de mercado, variáveis exógenas à empresa. Como a principal variável do MDD são os fluxos de caixa, direcionados ou potenciais, aos acionistas, uma variação positiva na taxa g, a qual é uma função do ROE e do *payout*, fará o valor justo da ação subir. Caso a taxa g nos dividendos ou nos FCLA se aproxime do K_e, o valor da ação convergirá para o infinito, o que inviabiliza a confiabilidade do cálculo. No MDD, a taxa g é sensível ao ROE e ao *payout*, e sua estimativa correta depende da política de dividendos adotada pela companhia, constituindo-se assim na principal limitação do modelo.

Em ambos os métodos, os cálculos de *valuation* deverão ser refeitos para as variáveis adequarem-se às inevitáveis mudanças nas expectativas de mercado. As premissas macroeconômicas utilizadas podem ser extraídas do Relatório Focus publicados pelo Banco Central[14], o qual captura com bastante precisão, as mudanças nas expectativas dos agentes econômicos quanto às principais variáveis exógenas, como crescimento do Produto Interno

---

[14] www.bcb.gov.br/publicacoes/focus

Bruto (PIB), taxas de inflação, taxa SELIC e taxa de câmbio. A seguir, uma sinopse das principais variáveis utilizadas e sua importância em cada uma das metodologias:

Variável	Definição	FCD	MDD
Custo de capital próprio K_e	Calcula o retorno esperado do capital próprio, a partir da taxa livre de riscos e o risco sistêmico da ação em face do mercado	É utilizado como taxa de desconto dos FCLE quando a empresa não é alavancada e para se encontrar o custo médio de capital da empresa alavancada	Utilizado como taxa apropriada de desconto para dividendos e FCLA
Custo médio de capital WACC	Calcula o retorno médio esperado de todas as fontes de financiamento da empresa	Utilizado para descontar o FCLE em uma empresa alavancada	Não é utilizada, pois o cálculo do valor justo da ação se faz descontando o fluxo ao custo de capital próprio
Investimentos em Capex	Variável-chave na análise de valor. Se a empresa não investe, a depreciação de seus ativos irá gerar taxas negativas de crescimento g para os futuros FCLE, reduzindo para o valor da empresa.	Utilizado para calcular o FCLE, a partir da sua subtração do NOPAT.	Utilizado de forma indireta pois, em tese, para calcular o FCLA ou o montante de dividendos, a empresa já estimou seus futuros investimentos.
FCLE	Principal variável do modelo e se baseia no fato de que o valor da empresa é a soma de todos seus fluxos de caixa livres até o infinito, trazidos a valor presente.	Principal variável do modelo e será descontada ao K_e se a empresa não for alavancada ou ao WACC, se utilizar capital de terceiros.	Não é utilizada de forma direta, apenas para se calcular o FCLA, após os pagamentos aos credores e as novas dívidas contraídas.
FCLA	Representa o fluxo de caixa residual da empresa, após pagas os juros e o principal das dívidas para com os credores. É uma proxy para o dividendo potencial da empresa para com seus acionistas.	Não é utilizada.	Utilizada quando a empresa não tem uma política de pagamentos de dividendos definida, quando suspende ou paga apenas um dividendo mínimo obrigatório, bem abaixo do dividendo potencial.
Dividendos e JCP pagos	Fluxos de caixa efetivamente pagos aos acionistas.	Não é utilizada.	Utilizada quando a empresa tem uma política de dividendos definida, com *payouts* estáveis.
Taxa de crescimento g	Estima o crescimento futuro dos FCLE, FCLA e dividendos. Será dependente da equação capex menos depreciação, da variação do	Utilizada para estimar o crescimento do FCLE no período previsível.	Utilizada para mensurar o crescimento futuro nos dividendos pressupondo um horizonte de tempo em que

| CG, da depreciação, *payout* e ROE. | ROE e *payout* se manterão estáveis. |

5.4 Método dos Múltiplos de Mercado de Empresas Comparáveis

A terceira metodologia de *valuation* a ser abordada é a dos Múltiplos de Mercado de Empresas Comparáveis (MMEC), também chamada de avaliação relativa, pois busca apurar o valor justo da empresa em relação às empresas semelhantes precificadas pelo mercado. A metodologia MMEC é intuitiva e bem simples de ser compreendida, um reconhecimento de que os preços praticados em livre mercado são bons indicadores de valor relativo, ou seja, um método que deriva da hipótese dos mercados eficientes.

Aplica-se o método em duas etapas. Em primeiro lugar, o avaliador localiza no mercado empresas de capital aberto com perfil semelhante à empresa a ser avaliada. A escolha por empresas de capital aberto deve-se ao fato de que estas possuem uma maior quantidade de informações divulgadas e precificadas pelo mercado, o que vem a facilitar o trabalho de cálculo dos múltiplos a serem utilizados. Empresas são consideradas semelhantes quando atuam no mesmo setor econômico e possuem tamanhos muito próximos. Na ausência de empresas com perfis similares no mercado nacional, pode-se recorrer aos dados de empresas estrangeiras, cujo perfil se adeque à análise comparativa, ou às médias e medianas apuradas no setor econômico em que a empresa atua. A média e a mediana setorial dos múltiplos de mercado são boas *proxies* comparativa para a avaliação relativa de uma companhia, pois capturam os dados agregados das principais concorrentes da empresa a ser avaliada. A etapa seguinte será apurar as médias e medianas dos múltiplos de mercado das empresas similares e aplicá-las em relação aos múltiplos da empresa avaliada, com o objetivo de se encontrar um valor justo de referência para a companhia.

A principal vantagem da metodologia MMEC está em identificar as tendências do mercado em relação ao setor onde a empresa avaliada atua. Contudo, o MMEC, em face das dificuldades em se encontrar empresas bem similares para a análise comparativa, não apura as diferenças de rentabilidade entre as companhias da amostra e a análise relativa pode ser afetada por situações conjunturais e macroeconômicas, principalmente quando empresa avaliada e empresas similares pertencem a países diferentes. Isto posto, como método de *valuation*, a MMEC funciona como um complemento ao FCD e ao MDD.

Os principais múltiplos de mercado são calculados em face do valor de mercado do patrimônio líquido (MV) e do valor da empresa (EV). Apura-se o VM multiplicando-se o preço médio da ação no mercado pela quantidade de ações que compõem o capital social da companhia. O EV, por representar o valor de todos os ativos da empresa é o resultado da soma do MV com a dívida liquida da companhia, representada pelos passivos onerosos líquidos de caixa e recursos facilmente conversíveis em caixa (disponibilidades).

$$MV = preço\ médio\ da\ ação \times quantidade\ de\ ações\ da\ empresa$$

$$EV = MV + dívida\ líquida\ da\ empresa$$

$$Dívida\ líquida = passivo\ oneroso - caixa\ e\ disponibilidades$$

Os principais múltiplos que representam o MV são:

- Índice Preço / Lucro por ação (P/L), que apura a relação entre o MV e o lucro líquido da empresa;
- Índice Preço / Valor patrimonial da ação, também conhecido como *market-to-book*, que fornece a relação entre o preço de mercado e o valor contábil da ação.

Os principais múltiplos que representam o EV são:

- EV / EBITDA, que apura quantas vezes o valor da empresa é superior ao seu EBITDA;
- EV / Valor contábil dos ativos, o qual mensura quantas vezes o valor atual de todos os ativos da empresa é superior ao seu valor contábil.

5.4.1 Índice Preço / Lucro por ação (P/L)

O Índice Preço / Lucro por ação, ou simplesmente, P/L (em inglês, *Price / Earnings* ou P/E) é um dos indicadores mais utilizados nos mercados acionários e mensura quantas vezes o preço de mercado é superior ao lucro líquido por ação da empresa. Em teoria, o P/L representa o número de anos em que haveria o retorno do investimento na ação, pressupondo que todo o lucro líquido fosse distribuído aos acionistas na forma de dividendos. Assim, quanto menor for o P/L, menor o prazo de retorno e menor será o preço de mercado da ação em relação ao seu lucro líquido, o que pode sinalizar, em tese, uma oportunidade de investimento. Contudo, não necessariamente um P/L baixo em relação à média do setor significa que a ação está barata e nem um P/L alto em relação à média setorial é sinônimo de uma ação cara, visto que o mercado sempre tem expectativas positivas e negativas a respeito do crescimento futuro da empresa, traduzidas diariamente pela volatilidade no preço da ação. O P/L atinge sua expressão máxima quando utilizado como índice comparativo entre empresas do mesmo setor, contudo, jamais de forma isolada. O indicador é expresso pela fórmula (5.4.1):

$$P/L = \frac{Preço\ de\ mercado\ da\ ação}{Lucro\ por\ ação\ (LPA)} \qquad (5.4.1)$$

O preço de mercado da ação é fácil de ser obtido em empresas de capital aberto. Recomenda-se utilizar uma média ponderada dos preços em um período considerável (por exemplo, trinta dias), para evitar volatilidades. O lucro por ação (LPA) deve ser expresso em termos anuais, computando-se a soma dos quatro últimos LPA divulgados nos balancetes trimestrais.

As principais vantagens do índice são capturar as expectativas de mercado quanto ao crescimento nos lucros incorporadas ao preço da ação, além da facilidade de cálculo nas empresas de capital aberto, possibilitando ao analista comparar, de um modo simples, o P/L da empresa com suas principais concorrentes e com a média do setor. A principal desvantagem do índice está no impacto dos redutores contábeis do lucro líquido, tais como depreciação e despesas financeiras com pagamentos de juros, bem como itens não-recorrentes, os quais podem impactar o lucro líquido de forma positiva ou negativa, distorcendo o resultado do P/L. O uso do indicador favorece as empresas que apresentam maior lucratividade e não se recomenda sua utilização em empresas que apresentem prejuízos contábeis, apesar de ser possível obter um resultado negativo para o P/L, sem que haja uma análise apurada da origem deste prejuízo. Em suma, recomenda-se jamais utilizar apenas o P/L como indicador único de avaliação e investimento e sim, em conjunto com demais indicadores.

O cálculo do índice P/L justo para a ação deriva diretamente do *payout*, da taxa *g*, que representa o crescimento esperado nos dividendos futuros e do custo de capital próprio K_e, consoante demonstrado a partir do modelo de Gordon:

$$P = \frac{DIV_1}{K_e - g} \quad e \quad DIV_1 = LPA \; x \; payout \; x \; (1+g)$$

Assim, temos:

$$P = \frac{LPA \; x \; payout \; x \; (1+g)}{K_e - g} \quad \rightarrow \quad \frac{P}{LPA} = \frac{payout \; x \; (1+g)}{K_e - g}$$

$$P/L = \frac{payout \; x \; (1+g)}{K_e - g} \tag{5.4.2}$$

Portanto, o índice P/L é uma função crescente do *payout* e da taxa *g* e decrescente do K_e. Quanto maior for o *payout* e a taxa *g*, maior será o preço de mercado da ação em relação ao seu lucro líquido e quanto maior for o custo de capital próprio, menor será o preço em relação ao LPA. Compara-se o P/L obtido pela equação (5.4.2) com o P/L médio da ação no mercado. Caso o P/L de mercado seja inferior ao P/L justo, a ação pode ser classificada como subvalorizada.

Exemplo 5.4.1

Considerando os dados da empresa Kappa S.A. constantes no exemplo (5.3.1), um *payout* de 68,5 %, uma taxa *g* de 7,84 % ao ano e um K_e de 13,47 % ao ano, vamos calcular o indicador P/L da ação:

$$P/L = \frac{payout \; x \; (1+g)}{K_e - g}$$

$$P/L = \frac{0{,}685 \; x \; 1{,}0784}{0{,}1347 - 0{,}0784} = \frac{0{,}7387}{0{,}0563} = 13{,}12$$

Isto posto, o preço de mercado justo para a ação da Kappa S.A. é de 13,12 vezes o seu lucro por ação. Nas demonstrações financeiras da empresa, o lucro líquido por ação é de $ 2,541 o que dá o preço justo de $ 33,34, exatamente o mesmo resultado encontrado no exemplo (5.3.1). Caso a ação da companhia seja negociada a preços inferiores ao determinado pelo P/L, pode-se configurar uma oportunidade de investimento.

$$\frac{P}{L} = 13,12 \quad \rightarrow \quad P = 13,12 \; x \; L \quad \rightarrow \quad P = 13,12 \; x \; \$ \; 2,541$$

$$P = \$ \; 33,34$$

O índice P/L pode ser empregado em conjunto com a taxa g de crescimento esperado gerando um indicador conhecido como *Price Earnings Growth* (PEG), obtido a partir da divisão do P/L pela taxa g e muito utilizado pelo mercado para avaliar se o P/L está muito alto em razão da taxa de crescimento. O índice PEG é calculado pela equação (5.4.3):

$$PEG = \frac{P/L}{g} \qquad (5.4.3)$$

Exemplo 5.4.2

A empresa Ômega S.A. atua no mesmo setor que a Kappa S.A. e apresenta dados muito similares ao de sua principal concorrente, *payout* de 68,5 %; e custo de capital próprio de 13,47 % ao ano. No entanto, sua taxa g é de 3 % ao ano. Comparar as duas empresas pelo indicador PEG e avaliar qual das duas ações seria, em tese, a melhor oportunidade de investimento:

Temos então que o índice PEG para a companhia Kappa S.A. será calculado pela equação (5.4.3):

$$PEG_{Kappa} = \frac{13,12}{7,84 \; \%} = 1,673$$

Na etapa seguinte calculamos o P/L e o PEG da Ômega S.A:

$$P/L = \frac{0,685 \; x \; 1,03}{0,1347 - 0,03} = \frac{0,7055}{0,1047} = 6,738$$

$$PEG_{Ômega} = \frac{6{,}738}{3\%} = 2{,}246$$

Neste caso, se a análise do investimento se resumisse apenas ao P/L seríamos levados erroneamente a crer que o preço de mercado da ação da empresa Ômega está mais barato em relação à ação da Kappa. Todavia, o índice PEG leva à uma conclusão exatamente oposta, pois o mercado tem expectativas mais positivas acerca do desempenho futuro da Kappa, o que faz seu P/L ser maior, quando comparado ao de sua concorrente Ômega. O índice PEG da Kappa é menor (1,673 x 2,246) revelando que, em face das expectativas de crescimento futuras, a ação da Kappa S.A. é uma melhor alternativa de investimento.

Uma regra prática entre os investidores de mercado é considerar atraentes, ações cujo PEG é inferior a 1,00, ou seja, o P/L da empresa é inferior à taxa de crescimento futura nos lucros e dividendos, constituindo-se assim em uma alternativa de investimento. Outra vantagem do índice PEG em relação ao P/L está na possibilidade de comparar empresas de diversos setores, ampliando o escopo da análise.

Exemplo 5.4.3

A ação da Sigma S.A. foi negociada, nos últimos trinta dias, a um preço médio de $ 25,40. Seu último LPA anual declarado em suas demonstrações financeiras foi de $ 1,93 e a taxa g de crescimento esperado nos lucros e dividendos é de 3 % ao ano. Por sua vez, a ação da empresa Alfa S.A. foi negociada a um preço médio de $ 38,70, seu último LPA anual foi de $ 1,75 e sua taxa g é de 7,5 % ao ano. Com base no índice PEG, qual das duas ações será a melhor alternativa de investimento?

$$P/L_{Sigma} = \frac{\$\,25{,}40}{\$\,1{,}93} = 13{,}16$$

$$PEG_{Sigma} = \frac{13{,}16}{3} = 4{,}38$$

$$P/L_{Alfa} = \frac{\$\,38{,}70}{\$\,1{,}75} = 22{,}11$$

$$PEG_{Alfa} = \frac{22,11}{7,5} = 2,94$$

Conclui-se que, em face de seu desempenho futuro esperado, a ação da Alfa S.A. é uma alternativa melhor de investimento, visto que seu PEG é inferior.

5.4.2 Índice Preço / Valor patrimonial da ação

Também conhecido como *market-to-book*, é o índice que mensura a relação do preço de mercado da ação com o seu valor contábil declarado em seu último balanço patrimonial. O indicador incorpora as expectativas de mercado acerca das variáveis de desempenho da empresa, entre elas, a taxa *g*, o *payout* e o ROE. É expresso pela equação (5.4.4):

$$P/VPA = \frac{Preço\ de\ mercado\ da\ ação}{Valor\ contábil\ da\ ação} \tag{5.4.4}$$

Derivando a fórmula do P/VPA também a partir do modelo de Gordon, concluímos que o crescimento do preço de mercado da ação em relação ao seu valor contábil declarado em balanço tem uma correlação positiva com a taxa *g*, isto é, quanto maiores forem as expectativas de crescimento futuro, maior será o preço de mercado da ação em relação ao seu valor contábil.

$$P = \frac{DIV_1}{K_e - g} \quad e \quad DIV_1 = LPA\ x\ payout\ x\ (1 + g)$$

E o lucro por ação pode ser expresso em função do índice de lucratividade do patrimônio líquido:

$$LPA = ROE\ x\ VPA$$

Assim temos:

$$P = \frac{ROE\ x\ VPA\ x\ payout\ x\ (1 + g)}{K_e - g}$$

$$\frac{P}{VPA} = \frac{ROE\ x\ payout\ x\ (1 + g)}{K_e - g} \tag{5.4.5}$$

De acordo com a equação (5.4.5), o múltiplo P/VPA aumenta em função da lucratividade do patrimônio líquido, do *payout* e da taxa de crescimento esperada. Empresas com ROE $> K_e$ estão gerando um retorno sobre o capital próprio superior ao seu custo. Isto fará o P/VPA crescer. Portanto, uma empresa com um ROE muito superior ao K_e e cujas ações são negociadas a um baixo P/VPA está subavaliada, configurando-se assim em uma oportunidade de investimento. Todavia, empresas com ROE $< K_e$ estão com custos de capital próprio superiores ao seu retorno, o que levará à redução no múltiplo P/VPA. Neste sentido, uma empresa com um ROE inferior ao K_e cujas ações são negociadas a um alto P/VPA estará superavaliada, abrindo-se uma oportunidade de venda do papel.

Exemplo 5.4.4

Vamos utilizar os dados da empresa Kappa S.A. presentes nos exemplos anteriores. A companhia tem um K_e de 13,47 % ao ano, *payout* de 68,5 %, uma taxa g de 7,84 % ao ano e um ROE de 24,91 % ao ano. O cálculo do múltiplo P/VPA é:

$$\frac{P}{VPA} = \frac{ROE \times payout \times (1+g)}{K_e - g}$$

$$\frac{P}{VPA} = \frac{0{,}2491 \times 0{,}685 \times 1{,}0784}{0{,}1347 - 0{,}0784} = \frac{0{,}184}{0{,}0563} = 3{,}2682$$

A ação da Kappa S.A. deve ser negociada no mercado a aproximadamente 3,2682 vezes o seu valor contábil declarado. A companhia tem um patrimônio líquido declarado em seu último balanço patrimonial de $ 102.000.000 com 10.000.000 de ações emitidas.

$$VPA = \frac{Patrimônio\ Líquido\ contábil}{Quantidade\ de\ ações\ emitidas} = \frac{\$\ 102.000.000}{10.000.000} = \$\ 10{,}20$$

Portanto, o preço justo para a ação da Kappa S.A. será:

$$\$\ 10{,}20 \times 3{,}2682 = \$\ 33{,}34$$

Este resultado é exatamente o mesmo encontrado no exemplo (5.3.1).

Em virtude da correlação positiva com a taxa g, um alto índice *market-to-book* é utilizado pelo mercado para referenciar empresas em fase de expansão, com oportunidades futuras de crescimento. Contudo, ações de empresas estáveis ou com baixas taxas de crescimento e lucratividade costumam ser negociadas com baixos índices *market-to-book*, isto é, preços de mercado muito próximos de seus valores patrimoniais.

Podemos demonstrar também a correlação dos dois múltiplos P/VPA e P/L e sua relação com o ROE, unindo-os na mesma fórmula:

$$P/VPA = \frac{ROE \times payout \times (1+g)}{K_e - g} \quad e \quad P/L = \frac{payout \times (1+g)}{K_e - g}$$

Assim, teremos:

$$\frac{P}{VPA} = ROE \times \frac{P}{L} \qquad (5.4.6)$$

Que também pode ser demonstrada:

$$ROE = \frac{P/VPA}{P/L} = \left[\frac{P}{VPA} \times \frac{L}{P}\right] = \frac{L}{VPA}$$

Ou seja, quanto maior o retorno sobre o patrimônio líquido, maior será o preço de mercado da ação em relação ao seu valor contábil, uma conclusão intuitiva, demonstrada na prática pela equação (5.4.6). Portanto, as principais variáveis para a geração de riqueza ao acionista por intermédio do aumento no preço de mercado da ação são o retorno sobre o patrimônio líquido e a taxa de crescimento futura.

Exemplo 5.4.5

Vamos admitir que os gestores da empresa Kappa S.A. consigam aumentar o ROE de 24,91 % para 27 % ao ano e, em virtude da maior lucratividade, reduzam o *payout* para 66,67 %, com o objetivo de reinvestir mais na própria companhia. Qual seria o novo preço de mercado justo para a ação?

Como primeiro passo, será preciso calcular a nova taxa *g*:

$$g = ROE \times (1 - payout)$$

$$g = 0,27 \times (1 - 0,6667) = 9\% \text{ ao ano}$$

Desta forma, permanecendo K_e estável, o novo preço da ação será:

$$\frac{P}{VPA} = \frac{ROE \times payout \times (1 + g)}{K_e - g} = \frac{0,27 \times 0,6667 \times 1,09}{0,1347 - 0,09} = 4,3895$$

$$P = 4,3895 \, VPA = \$ \, 44,77$$

Uma maior lucratividade sobre o patrimônio líquido conjugada a uma distribuição de dividendos um pouco inferior, de modo a possibilitar um reinvestimento maior, levará o preço de mercado da ação da companhia a subir de $ 33,34 para $ 44,77, um aumento de 34,28 % na riqueza dos acionistas.

Em situações onde o ROE é inferior ao custo de capital próprio, o múltiplo P/VPA irá se reduzir e, não raro, ficará abaixo de 1,00, ou seja, as ações serão negociadas por preços inferiores ao seu valor contábil. Como o K_e representa o retorno esperado da ação e o ROE o retorno efetivo, um ROE inferior ao K_e reduz a atratividade do investimento no capital próprio, levando os acionistas a venderem seus papéis o que, em tese, irá acentuar a desvalorização do preço de mercado, gerando um baixo P/VPA.

Exemplo 5.4.6

A empresa Iota S.A. apresentou, em suas demonstrações financeiras, um lucro líquido de $ 20.000.000, um patrimônio líquido de $ 318.000.000 e seu *payout* é de 55 %. A taxa de juros livre de riscos é de 5 % ao ano, o coeficiente beta (β) das ações da empresa é 0,92 e o retorno esperado da carteira de mercado é de 12 % ao ano. Sabendo que a companhia tem 50.000.000 ações emitidas, calcular o preço justo de mercado da ação:

A primeira etapa será calcular o VPA, o ROE e a taxa *g*:

$$VPA = \frac{\$ \, 318.000.000}{50.000.000} = \$ \, 6,36$$

$$ROE = \frac{\$\,20.000.000}{\$\,318.000.000} = 6,28\,\%\ ao\ ano$$

$$g = ROE \times (1 - payout) = 0,0628 \times 0,45 = 2,826\,\%\ ao\ ano$$

Na sequência, calculamos o custo de capital próprio:

$$K_e = R_f + \beta\,(R_m - R_f)$$

$$K_e = 0,05 + 0,92\,(0,12 - 0,05) = 11,44\,\%\ ao\ ano$$

Por fim, basta calcular o múltiplo P/VPA e o preço justo de mercado da ação:

$$\frac{P}{VPA} = \frac{ROE \times payout \times (1 + g)}{K_e - g} = \frac{0,0628 \times 0,55 \times 1,02826}{0,1144 - 0,02826} = 0,4121$$

$$P = 0,4121\,VPA = \$\,2,62$$

O índice P/L também calculado será de:

$$\frac{P}{L} = \frac{\$\,2,62}{\$\,0,40} = 6,55$$

A empresa Iota S.A. tem um custo de capital próprio muito superior ao ROE e uma baixa taxa de crescimento, razão pela qual o mercado deve negociar suas ações a um preço inferior ao seu valor contábil.

O múltiplo *market-to-book* é utilizado pelos executivos das empresas para identificar novas oportunidades de capitalização por emissões de ações. Conforme a teoria do *market timing*[15], empresas com altos P/VPA irão preferir se financiar com a emissão de novas ações, no intuito de aproveitar os altos preços de mercado em relação ao valor contábil. A nova emissão de *equity* irá aumentar o valor contábil do patrimônio líquido e, em tese, diminuir o ROE futuro da empresa, o que fará o múltiplo P/VPA diminuir. Em sentido oposto, empresas com baixos múltiplos P/VPA e que tenham sobra de recursos, podem optar por uma recompra de ações, aproveitando o *momentum* de mercado traduzido no baixo preço

---

[15] Ver capítulo 2.7.4

da ação em relação ao seu valor contábil. A recompra e o posterior cancelamento das ações irá reduzir o valor do patrimônio líquido da companhia, o que fará, em tese, subir o ROE para os próximos exercícios e aumentar o múltiplo P/VPA.

5.4.3 Valor da empresa / EBITDA

O múltiplo Valor da empresa / EBITDA ou EV / EBITDA, (*enterprise value,* ou valor da empresa) é um indicador que mensura em quantas vezes o valor da empresa supera o seu EBITDA. O cálculo do indicador é formado antes de consideradas as dívidas corporativas da empresa, impostos, depreciação e amortização. Quanto maior for o seu valor, mais valorizada estará a empresa em razão de sua geração de caixa operacional. O valor da empresa (EV) é resultado da soma da dívida líquida corporativa (capital de terceiros menos caixa e disponibilidades) com o valor de mercado da companhia (MV), resultante do preço de mercado da ação multiplicado pela quantidade de ações emitidas. Como no índice P/L, quando menor for o EV/EBITDA, em tese, mais barata estará a empresa, a configurar, portanto, uma oportunidade de investimento.

O múltiplo é muito utilizado para comparar empresas com diferentes tamanhos e estruturas de capital, principalmente em casos de fusões e aquisições de empresas, no intuito de se determinar as proporções aproximadas de troca de ações. Apresenta também a versatilidade de facilitar a comparação entre empresas nacionais e estrangeiras e elimina efeitos contábeis que não afetam diretamente o caixa da empresa, como depreciação e amortização. Contudo, não considera os montantes pagos pela empresa a título de juros da dívida, os quais podem impactar no custo médio ponderado de capital e os investimentos feitos pela empresa, que poderiam melhorar a lucratividade futura.

O resultado do múltiplo EV / EBITDA deve ser comparado ao de outras empresas e à média do setor. Indicadores muito altos em relação às médias setoriais podem indicar uma sobrevalorização dos ativos da companhia em relação ao seu fluxo operacional anual. O indicador deve também ser utilizado em conjunto com as demais métricas de mercado para se alcançar uma análise mais completa.

Exemplo 5.4.7

A companhia Gama S.A. gerou, no último exercício, uma receita líquida de $ 150.000.000. O custo dos produtos vendidos foi de 40 % da receita líquida e as despesas operacionais, administrativas e com vendas atingem cerca de 18 % da mesma receita líquida. Sua concorrente, a empresa Ômega S.A., auferiu no último ano fiscal, uma receita líquida de $ 73.000.000. O custo dos seus produtos foi de 37 % de sua receita líquida e as despesas operacionais, administrativas e com vendas atingiram 12 % da respectiva receita. A ação da Gama S.A. é negociada em mercado a um preço médio de $ 22,00, a empresa tem 15.000.000 ações emitidas e sua dívida líquida é de $ 50.000.000. Por sua vez, a ação da Ômega S.A. tem um preço médio de $ 7,00 e a companhia tem 25.000.000 ações emitidas, com uma dívida líquida de $ 32.000.000. Calcular pelo múltiplo EV/EBITDA qual das duas empresas está mais valorizada:

O primeiro passo será calcular o EBITDA de ambas as empresas:

	Gama S.A.	Ômega S.A.
Receita líquida de vendas	150.000.000	73.000.000
(-) CPV	(60.000.000)	(27.010.000)
(-) Despesas operacionais, administrativas e com vendas	(27.000.000)	(8.760.000)
(=) EBITDA	63.000.000	37.230.000

Em seguida, calcula-se o valor da empresa (EV) a partir do valor de mercado (MV) apurado pelo preço médio de suas ações multiplicado pela quantidade de ações e somando-se a dívida líquida:

	Gama S.A.	Ômega S.A.
Valor de mercado (Preço da ação x quantidade de ações)	330.000.000	175.000.000
(+) Dívida Líquida	50.000.000	32.000.000
(=) Valor da Empresa (EV)	380.000.000	207.000.000

Por fim, apuram-se os múltiplos EV/EBITDA de cada uma:

$$Gama\ S.A. = \frac{EV}{EBITDA} = \frac{\$\ 380.000.000}{\$\ 63.000.000} = 6,032$$

$$Ômega\ S.A. = \frac{EV}{EBITDA} = \frac{\$\ 207.000.000}{\$\ 37.230.000} = 5,56$$

A empresa Ômega está subvalorizada em relação à Gama. Caso fosse negociada em um múltiplo EV/EBITDA igual ao de sua concorrente (6,032), suas ações custariam $ 7,70 e seu EV seria de $ 224.571.360.

O múltiplo também pode ser calculado na forma EV/EBIT, apurando-se assim um resultado já descontadas as despesas de depreciação e amortização e EV/NOPAT, após o provisionamento do imposto de renda devido.

5.4.4 Valor da empresa / Valor contábil dos ativos

A razão valor da empresa sobre o valor contábil dos ativos (EV/BVA, do inglês *book value of assets*) mensura qual o percentual de riqueza criada pela firma, a partir do valor de mercado de suas ações somado ao valor de suas dívidas líquidas menos o custo histórico de aquisição de todos os ativos. Quando o múltiplo é maior que 1,00 significa que os ativos da empresa têm maior valor quando reunidos dentro da companhia em relação à quando considerados individualmente. Isto exprime que o mercado reconhece que a empresa é capaz de criar riqueza ao acionista a partir de suas decisões de investimentos. Um múltiplo menor que 1,00 sugere que a empresa destruiu riqueza ao longo do tempo, visto que o valor atual do conjunto de ativos da empresa é menor que o seu custo histórico de aquisição.

Exemplo 5.4.8

A companhia Vega S.A. declarou em sua última demonstração financeira um ativo circulante de $ 20.000.000, um ativo realizável a longo prazo e um ativo imobilizado de $ 89.000.000. Sua dívida bruta é de $ 45.000.000 e a empresa tem em caixa $ 10.000.000. O preço médio de suas ações é de $ 8,20 e a empresa tem 12.000.000 ações emitidas. Calcule o múltiplo EV/BVA:

O total dos ativos da empresa, declarados a valor contábil, é:

$$BVA = \$\ 20.000.000 + \$\ 89.000.000 = \$\ 109.000.000$$

E o valor da empresa (EV), após subtraído da dívida bruta o montante em caixa, é:

$$EV = (\$\ 8{,}20\ x\ 12.000.000) + \$\ 45.000.000 - \$\ 10.000.000 = \$\ 133.400.000$$

E o múltiplo EV/BVA é:

$$EV/BVA = \frac{\$\ 133.400.000}{\$\ 109.000.000} = 1{,}2238$$

O resultado do múltiplo maior que 1,00 leva à conclusão que o mercado valorizou em média em 22,38 % o conjunto de ativos da empresa, mostrando que os gestores geraram riqueza aos seus acionistas a partir de suas decisões de investimento. Assim, os ativos têm mais valor quando considerados em conjunto, reunidos dentro da empresa Vega S.A., em relação aos seus valores individuais de aquisição.

5.5 Métodos dos Múltiplos de Transações Comparáveis

A metodologia dos múltiplos de transações comparáveis (MTC) implica em utilizar transações corporativas passadas, como fusões e aquisições, como referência para se determinar o valor justo para a empresa a ser vendida hoje. O MTC prevê as seguintes etapas:

1. Identificação de empresas comparáveis que tenham sido objeto de negociação no passado (fusão ou aquisição). As empresas comparáveis devem ser do mesmo setor econômico e com tamanhos similares, com o objetivo de tornar a comparação mais próxima à empresa que se pretende avaliar;
2. Cálculo dos múltiplos obtidos nas transações comparáveis passadas, tais como EV/EBITDA, P/L ou P/VPA.
3. Utilização dos resultados dos múltiplos obtidos nas transações comparáveis como referência a ser aplicada na empresa que está sendo avaliada.

A metodologia MTC tem vantagens e desvantagens e deve ser aplicada em conjunto aos demais métodos já estudados. Destacam-se entre seus pontos fortes, o fato dos múltiplos encontrados em transações passadas refletirem os prêmios pagos pela aquisição do controle acionário de empresas similares àquela que se quer avaliar, além de demonstrarem as condições econômicas e de mercado à época da transação. Com o método MTC tem-se uma avaliação objetiva, eis que baseada apenas em transações já realizadas, sem exigir do avaliador estimar premissas futuras acerca do desempenho da empresa.

Contudo, também inúmeros pontos fracos merecem ser mencionados, o que torna o MTC mais um complemento aos demais métodos de *valuation* da empresa. Entre estas limitações, destacamos o fato do MTC não considerar potenciais valores da companhia avaliada, como margens de lucro mais elevadas e maior *market share*, os quais poderiam ser captados pelos outros métodos, além da dificuldade natural em encontrar no mercado, transações similares e, portanto, comparáveis que envolvam empresas de porte semelhante e do mesmo setor econômico da empresa avaliada.

5.6 Avaliação de Bancos e demais Instituições Financeiras

Em virtude das características de seus negócios, onde a presença do capital de terceiros é relevante na geração de novos ativos, como por exemplo, as carteiras de crédito, as instituições financeiras, nas quais se incluem os bancos e as seguradoras, costumam ter índices de alavancagem bem superiores aos verificados nas demais empresas. Desta forma, o *valuation* das instituições financeiras não considera o tamanho global dos seus ativos e sim, apenas o patrimônio líquido do acionista. Portanto, ao apurarmos o valor justo de um banco ou uma seguradora, não contabilizaremos o valor de seu passivo e sim, apenas o valor justo de seu patrimônio líquido a ser obtido por intermédio dos fluxos de caixa que serão direcionados aos acionistas, na forma de dividendos e juros sobre capital próprio, descontados a uma taxa que exprima o custo de capital próprio e o risco da instituição.

A principal fonte de receitas de um banco é o *spread*, a diferença positiva entre as taxas de juros cobradas de um tomador de recursos e aquelas pagas aos correntistas e depositantes da instituição. Quanto mais os clientes de um banco deixarem seus saldos depositados, maiores os montantes que o banco terá disponíveis para emprestar. Assim, o passivo bancário proveniente da captação de depósitos dos correntistas, conhecido como *funding*, é essencial para o banco criar ativos através da concessão de crédito no mercado, obtendo ganhos com a diferença das taxas. Contudo, em relação aos riscos inerentes à concessão do crédito, os bancos e demais instituições financeiras precisam estabelecer uma proporção saudável entre o total de seus ativos e o valor de seu patrimônio líquido definida nos Acordos de Basileia[16]. Caso as carteiras de crédito de um determinado banco sejam de mais alto risco, como por exemplo, empréstimos sem garantia ou com altas taxas de inadimplência, haverá uma maior necessidade de reforçar o patrimônio líquido da instituição por intermédio da subscrição e emissão de novas ações para se adequar às regras de percentual mínimo exigidas pelo Banco Central.

A avaliação de uma instituição financeira é realizada pelo Método dos Dividendos Descontados (MDD). Considera-se o ROE médio da instituição e o *payout* no cálculo da taxa *g*, a qual representa o crescimento anual dos dividendos. Apura-se o crescimento dos dividendos em um período determinado, conhecido como período previsível e em período residual, também chamado de valor terminal ou valor em perpetuidade, quando se espera que os proventos direcionados aos acionistas aumentem a uma taxa próxima ao crescimento da economia. Somam-se os dois valores obtidos, descontados a valor presente pelo custo de capital próprio, e tem-se o valor aproximado do patrimônio líquido da instituição. O cálculo da taxa *g* de crescimento dos dividendos, do ROE e do *payout* envolve dois períodos distintos, período previsível e período residual ou perpetuidade, conforme equações (5.6.1) e (5.6.2):

$$g = ROE \; x \; (1 - payout) \qquad (5.6.1)$$

$$(1 - payout) = \frac{g}{ROE}$$

$$payout = 1 - \frac{g}{ROE} \qquad (5.6.2)$$

Exemplo 5.6.1

O banco Alfa apresentou em suas últimas demonstrações financeiras um lucro líquido total de $ 124.000.000. Com 80.000.000 ações emitidas, seu *payout* médio é de 40 % e o ROE médio nos últimos cinco anos é de 18 % ao ano. O coeficiente beta (β) de suas ações

---

[16] O conjunto das principais leis e norma relativas aos Acordos de Basileia e sua implementação no Brasil estão disponíveis no site do Banco Central: https://www.bcb.gov.br/estabilidadefinanceira/recomendacoesbasileia

é de 1,15 , a taxa livre de riscos é de 5 % ao ano e o retorno esperado da carteira de mercado é de 12 % ao ano. Espera-se que em período residual, o lucro líquido da instituição cresça a uma taxa de 3 % ao ano, seu coeficiente beta (β) desça para 1,05, valor muito próximo à média do setor e que o ROE do banco se estabilize em 14 % ao ano, o que impactará a distribuição de dividendos em perpetuidade. Qual o valor justo do patrimônio líquido e da ação do banco Alfa?

O primeiro passo será calcular o próximo dividendo por ação (Div_1), a partir do dividendo atual (Div_0) e da taxa de crescimento g:

$$LPA_0 = \frac{\$\,124.000.000}{80.000.000} = \$\,1,55$$

$$Div_0 = \$\,1,55 \times 40\,\% = \$\,0,62 \text{ por ação}$$

$$g = ROE \times (1 - payout)$$

$$g = 0,18 \times 0,60 = 10,80\,\% \text{ ao ano}$$

Assim, temos o lucro por ação e o dividendo a ser pago no próximo ano:

$$LPA_1 = LPA_0 \times (1 + g) = \$\,1,55 \times 1,108 = \$\,1,717$$

$$Div_1 = LPA_1 \times payout = \$\,1,717 \times 0,40 = \$\,0,687$$

A seguir, com base na taxa g e no *payout* atual, estimamos os LPA e os dividendos por ação a serem pagos durante o restante do período previsível de dez anos:

Ano	1	2	3	4	5	6	7	8	9	10
LPA ($)	1,717	1,903	2,108	2,336	2,588	2,868	3,178	3,521	3,901	4,323
Dividendo ($)	0,687	0,761	0,843	0,934	1,035	1,147	1,271	1,408	1,561	1,729

Na sequência, levanta-se o custo de capital próprio do banco Alfa no período previsível de dez anos e descontamos todos os dividendos estimados, trazendo-os a valor presente:

$$K_e = R_f + \beta\,(R_m - R_f)$$

$$K_e = 0,05 + 1,15 \, (0,12 - 0,05) = 13,05 \, \% \; ao \; ano$$

$$VP_{10 \, anos} = \sum_{n=1}^{10} \frac{Div_n}{(1,1305)^n} = \$ \, 5,56$$

A próxima etapa será encontrar o valor da ação no período terminal, a partir das estimativas da taxa g, do ROE e do novo *payout*, todos em perpetuidade:

$$LPA_{11} = LPA_{10} \, x \, (1 + g_{perp}) = \$ \, 4,323 \, x \, 1,03 = \$ \, 4,4527$$

$$payout_{perp} = 1 - \frac{g_{perp}}{ROE_{perp}} = \frac{0,03}{0,14} = 78,57 \, \%$$

$$Div_{11} = LPA_{11} \, x \, payout_{perp} = \$ \, 4,4527 \, x \, 0,7857 = \$ \, 3,4985$$

$$K_{e \, perp} = 0,05 + 1,05 \, (0,12 - 0,05) = 12,35 \, \% \; ao \; ano$$

Em perpetuidade, a partir do ano 11, o banco Alfa irá distribuir aos seus acionistas, cerca de 78,57 % do seu lucro líquido na forma de dividendos. A seguir, obtemos o valor da ação do banco no período residual e o descontamos ao atual custo de capital elevado ao último ano do período previsível:

$$Valor_{perp} = \frac{Div_{11}}{K_{e \, perp} - g_{perp}} = \frac{\$ \, 3,4985}{0,1235 - 0,03} = \$ \, 37,41$$

$$VP_{perp} = \frac{\$ \, 37,41}{1,1305^{10}} = \$ \, 10,972$$

E o valor da ação do banco e de seu patrimônio líquido será:

$$Valor \; da \; ação = VP_{10 \, anos} + VP_{perp} = \$ \, 5,56 + \$ \, 10,972 = \$ \, 16,532$$

$$Patrimônio \; líquido = \$ \, 16,86 \, x \, 80.000.000 = \$ \, 1.322.560.000,00$$

Portanto, o valor justo da ação de um banco tem uma correlação positiva com o ROE e a taxa de retenção de lucros (1 – *payout*).

6. Referências bibliográficas

ALTI, Aydogan. IPO Market Timing. *The Review of Financial Studies*, vol. 18, n. 3, autumm, 2005, pp. 1105-1138, https://doi.org/10.1093/rfs/hhi022

_____. How persistant is the Impact of Market Timing on Capital Structure? *The Journal of Finance*, vol. 61, n. 4, aug. 2006, pp. 1681-1710, http://doi.org/10.1111/j.1540-6261.2006.00886.x

ASSAF NETO, Alexandre. *Finanças Corporativas e de Valor*, 7ª edição, São Paulo, Editora Atlas S.A., 2014.

_____. *Valuation: Métricas de Valor & Avaliação de Empresas*, 2ª edição, São Paulo, Editora Atlas S.A., 2019.

BAKER, Malcolm; WURGLER, Jeffrey. Market Timing and Capital Structure. *The Journal of Finance*, vol. LVII, n. 1, 2002, pp. 1-32, http://www.jstor.org/stable/2697832

BERK, Jonatham; DeMARZO, Peter. *Finanças Empresariais*, Porto Alegre, Bookman, 2009.

BODIE, Zvi; KANE, Alex; MARCUS, Alan J. *Investimentos*, 10ª edição, Porto Alegre, Bookman-AMGH, 2015.

BREALEY, Richard A.; MYERS, Stewart C.; ALLEN, Franklin. *Princípios de Finanças Corporativas*, Porto Alegre, Bookman-AMGH, 2013.

COPELAND, Tom; KOLLER, Tim; MURRIN, Jack. *Avaliação de Empresas – Valuation: Calculando e Gerenciando o Valor das Empresas*, 3ª edição, São Paulo, Pearson, 2001.

DAMODARAN, Aswath. *Avaliação de Empresas*, 2ª edição, Porto Alegre, Pearson Universidades, 2007.

_____. *Valuation: Como Avaliar Empresas e Escolher as Melhores Ações*, Rio de Janeiro, LTC, 2012.

HARRIS, Milton; RAVIV, Arthur. The Theory of Capital Structure. *The Journal of Finance*, vol. XLVI, n. 1, mar. 1991, pp. 297-355, http://www.jstor.org/stable/2328697

FRANK, Murray Z.; GOYAL, Vidhan K. Capital Structure Decisions: Which Factors are Reliably Important? *Financial Management*, spring 2009, pp. 1-37, doi: 10.1111/j.1755-053X.2009.01026.x

_____. Trade-off and Pecking Order Theories of Debt. *Handbook of Empirical Corporate Finance*, volume 2, 2008, pages 135-202. https://doi: 10.1016/B978-0-444-53265-7.50004-4

MODIGLIANI, Franco; MILLER, Merton H. The cost of capital, corporation finance and the theory of investment, *American Economic Review*, vol. 48, n. 3, pp 261-297, 1958.

_____. Corporate income taxes and the cost of capital: a correction. *American Economic Review*, vol. 53, n. 3, June 1963, pp. 433-443.

MYERS, Stewart C. The Capital Structure Puzzle. *The Journal of Finance*, vol. XXXIX, n. 3, jul. 1984, pp. 575-592, http://www.jstor.org/stable/2327916

MYERS, Stewart C ; MAJLUF, Nicholas. (1984) Corporate financing and investment Decisions when Firms have Information that Investors do not have. *The Journal of Financial Economics*, vol. 13 (1984), pp. 187-221. http://doi.org/10.1016/0304-405X(84)90023-0

RAJAN, Raghuram G; ZINGALES, Luigi. What Do We Know about Capital Structure? Some Evidence from International Data. *The Journal of Finance*, vol. L, n. 5, dec. 1995, pp. 1421-1460, http://www.jstor.org/stable/2329322

RAPPAPORT, Alfred; MAUBOUSSIN, Michael J. *Análise de Investimentos*, Rio de Janeiro, Campus, 2002.

ROSS, Stephen A.; WESTERFIELD, Randolph W.; JAFFE, Jeffrey F. *Administração Financeira*, São Paulo, Editora Atlas S.A., 2010.

www.ingramcontent.com/pod-product-compliance
Lightning Source LLC
Chambersburg PA
CBHW080456220526
45465CB00006B/2293